MARCADOS

JASON REYNOLDS   IBRAM X. KENDI

MARCADOS

RACISMO, ANTIRRACISMO E VOCÊS

Tradução
Cecília Floresta
1ª edição

Galera

RIO DE JANEIRO

2021

CIP-BRASIL. CATALOGAÇÃO NA PUBLICAÇÃO
SINDICATO NACIONAL DOS EDITORES DE LIVROS, RJ

R355m

Reynolds, Jason
　　Marcados : racismo, antirracismo e vocês / Jason Reynolds, Ibram X. Kendi ; tradução Cecília Floresta. – 1ª ed. – Rio de Janeiro : Galera Record, 2021.

　　Tradução de: Stamped : racism, antiracism, and you
　　ISBN: 978-65-55-87165-4

　　1. Racismo – Estados Unidos – História. 2. Relações raciais – Estados Unidos – História. I. Kendi, Ibram X. II. Floresta, Cecília. III. Título.

20-69099

CDD: 305.800973
CDU: 316.482.5(73)

Meri Gleice Rodrigues de Souza – Bibliotecária – CRB-7/6439

Título original:
Stamped: Racism, Antiracism, and You

Copyright © 2020 by Jason Reynolds and Ibram X. Kendi
Revisão técnica: Fernanda Vieira e Iamara Viana

Publicado mediante acordo com Little, Brown Books for Young Readers, um selo da *Little, Brown and Company.*

Todos os direitos reservados.
Proibida a reprodução, no todo ou em parte, através de quaisquer meios.
Os direitos morais dos autores foram assegurados.

Texto revisado segundo o novo Acordo Ortográfico da Língua Portuguesa.

Direitos exclusivos de publicação em língua portuguesa somente para o Brasil adquiridos pela
EDITORA RECORD LTDA.
Rua Argentina, 171 – Rio de Janeiro, RJ – 20921-380 – Tel.: (21) 2585-2000, que se reserva a propriedade literária desta tradução.

Impresso no Brasil

ISBN 978-65-55-87165-4

Seja um leitor preferencial Record.
Cadastre-se no site www.record.com.br
e receba informações sobre nossos
lançamentos e nossas promoções.

Atendimento e venda direta ao leitor:
sac@record.com.br

EDITORA AFILIADA

Para January Hartwell, meu tataravô.
— J. R.

Para as vidas que eles disseram não importar.
— I. X. K.

SUMÁRIO

INTRODUÇÃO 9

PARTE 1: 1415 – 1728
1. A história do primeiro racista do mundo 17
2. Poder puritano...23
3. Um Adão diferente...29
4. Um racista prodígio..25

PARTE 2: 1743 – 1826
5. Prova na poesia..43
6. Intervalo 49
7. Volta do intervalo..51
8. Notas de Jefferson..53
9. Persuasão pela ascensão racial 59
10. O grande do contra 61

PARTE 3: 1826 – 1879
11. Comunicação de massa para a emancipação em massa..........71
12. Pai Tomás...75
13. Abe, o complicado...81
14. A última jogada de Garrison..87

PARTE 4: 1868 – 1963

15. Disputa de gênios negros.....................................95

16. Jack Johnson *versus* Tarzan............................ 103

17. O nascimento de uma nação (e de um novo transtorno) 107

18. A missão está no nome.................................. 111

19. Cantar, dançar e escrever não adianta 117

20. Lar é onde o ódio está.................................123

PARTE 5: 1963 – HOJE

21. Quando a morte vem.................................... 133

22. Black Power 141

23. Foi caso de assassinato.............................. 149

24. Que guerra contra as drogas? 157

25. A trilha sonora da dor e da subversão................ 161

26. A força de um milhão 167

27. Cobrança além da conta 173

28. Um milagre, quem sabe?............................... 177

EPÍLOGO 183

AGRADECIMENTOS 187

OUTRAS LEITURAS 191

NOTAS BIBLIOGRÁFICAS 195

ÍNDICE REMISSIVO 227

INTRODUÇÃO

QUERIDA PESSOA QUE ME LÊ,

Conhecer o passado é conhecer o presente. Conhecer o presente é nos conhecer.

Eu escrevo sobre a história do racismo para entender o racismo hoje. Quero entender o racismo hoje para entender como o racismo está me afetando. Quero que você entenda o racismo hoje para entender como o racismo está afetando você e os Estados Unidos.

O livro que você está segurando é um remix do meu livro, *Stamped from the Beginning* [Marcados desde o início], uma narrativa histórica das ideias racistas e antirracistas. Uma ideia racista é qualquer ideia que aponte algo como errado ou certo, superior ou inferior, melhor ou pior em relação a um grupo racial. Uma ideia antirracista é qualquer ideia que proponha que grupos raciais são iguais. Ideias racistas e antirracistas têm vivido nas mentes humanas por pelo menos 600 anos. Nascidas na Europa Ocidental em meados dos anos 1400, as ideias racistas viajaram até a América colonial e vivem nos Estados Unidos desde seu início. Eu narrei a vida inteira delas em *Stamped from the Beginning*.

O escritor Jason Reynolds adaptou *Stamped from the Beginning* neste livro para você. Eu gostaria de ter aprendido esta história na sua idade. Mas não existiam livros que contavam a história inteira das ideias racistas. Alguns livros contavam partes da história. Mas eu quase nunca queria lê-los. A maioria era tão chata, escrita de uma forma que eu não me identificava. Mas os livros de Jason não são assim. Nem este livro. Jason é um dos mais talentosos escritores e pensadores do nosso tempo. Não conheço ninguém que poderia ter se saído melhor ao conectar o passado e o presente para você. Jason é um grande escritor no sentido mais puro da palavra. Um grande escritor captura o olhar como uma batida captura o ouvido, fazendo sua cabeça balançar para cima e para baixo. É difícil parar quando a batida começa. Um grande escritor faz minha cabeça balançar de um lado para o outro. É difícil parar quando o livro é aberto.

Não acho que eu seja um grande escritor como Jason, mas me considero um escritor corajoso. Escrevi *Stamped from the Beginning* com o celular ligado, com a televisão ligada, com a minha raiva ligada, com a minha alegria ligada — sempre ligado, pensando e pensando. Assisti à vida televisionada e não televisionada do meteoro #BlackLivesMatter durante as noites mais tempestuosas dos Estados Unidos. Assisti aos assassinatos televisionados e não televisionados de seres humanos negros desarmados pelas mãos de policiais e aspirantes a policiais. De alguma forma dei conta de escrever *Stamped from the Beginning* entre as dolorosas mortes de Trayvon Martin, 17 anos, Darnesha Harris, 17 anos, Tamir Rice, 12 anos, Kimani Gray, 16 anos, e de Michael Brown, 18 anos, dores que são produtos da história das ideias racistas dos Estados Unidos, assim como uma história das ideias racistas é um produto dessas dores.

Quer dizer, se não fosse pelas ideias racistas, George Zimmerman não teria pensado que o adolescente de capuz da Flórida que gostava de LeBron James, hip-hop e *South Park* tinha que ser um ladrão. As ideias racistas de Zimmerman em 2012 transformaram um descontraído Trayvon Martin, que voltava para casa com um suco de melancia e uns Skittles na mão depois de ter dado uma passada na 7-Eleven, em uma ameaça perigosa para a sociedade. Ideias racistas fazem as pessoas olharem para um rosto negro inocente e enxergar um criminoso. Não fosse pelas ideias racistas, Trayvon ainda estaria vivo. Seu sonho de ser um piloto ainda estaria vivo.

Jovens negros tinham uma possibilidade 21 vezes maior de ser mortos pela polícia em comparação aos brancos entre os anos de 2010 e 2012, segundo estatísticas federais (dos Estados Unidos). As disparidades raciais sub-registradas e subanalisadas entre mulheres vítimas de força policial letal devem ser ainda maiores. Pessoas negras têm uma possibilidade *cinco vezes* maior de ser encarceradas do que as pessoas brancas.

Não sou nenhum gênio da matemática, mas se as pessoas negras compõem treze por cento da população dos Estados Unidos, então elas deveriam compor algo em torno de treze por cento dos estadunidenses mortos pela polícia e algo em torno de treze por cento dos estadunidenses encarcerados. Mas hoje os Estados Unidos não estão nem perto da igualdade racial. Afro-estadunidenses compõem quarenta por cento da população carcerária. Essas são desigualdades raciais mais antigas que a existência do próprio país.

Mesmo antes de Thomas Jefferson e os outros fundadores declararem a independência em 1776, os estadunidenses já discutiam desigualdades raciais, os motivos pelos quais existiam e persistiam e por que os estadunidenses brancos, como um grupo, prosperavam mais que os estadunidenses negros. Historicamente, houve três grupos envolvidos nessa calorosa discussão. Ambos, segregacionistas e assimilacionistas — como eu chamo esses posicionamentos racistas em *Stamped from the Beginning* —, pensam que os negros são culpados pela desigualdade racial; pensam que há algo errado com os negros e que é por isso que eles estão no mais baixo patamar da desigualdade racial. Os assimilacionistas veem as pessoas negras como um grupo que pode ser melhorado, mas os segregacionistas não pensam assim. Os segregacionistas e os assimilacionistas são desafiados pelos *antirracistas*. Os antirracistas dizem que não tem nada de certo ou errado com os negros e que há tudo de errado com o racismo. Os antirracistas dizem que o racismo é o problema que precisa mudar, e não os negros. Os antirracistas tentam transformar o racismo. Os assimilacionistas tentam transformar o negro. Os segregacionistas tentam ficar longe. São esses os três diferentes posicionamentos raciais que você vai ver em *Marcados: racismo, antirracismo e vocês*

— os segregacionistas, os assimilacionistas e os antirracistas —, e também como cada um deles racionalizou a desigualdade racial.

Enquanto escrevia *Stamped from the Beginning*, eu não queria escrever apenas sobre ideias racistas. Eu queria descobrir a *fonte* dessas ideias. Quando estava na escola, aprendendo de verdade sobre racismo pela primeira vez, me ensinaram a história de origem popular. Me ensinaram que aquelas pessoas ignorantes e horríveis tinham produzido ideias racistas e que esses racistas haviam instituído políticas racistas. Mas quando aprendi os motivos por trás da produção dessas ideias, ficou óbvio que essa lenda, embora sensata, não era verdadeira. Eu descobri que a necessidade que as pessoas poderosas tinham de defender políticas racistas que as beneficiavam levou essas pessoas a produzir ideias racistas, e que quando pessoas desavisadas consumiam essas ideias racistas, elas se tornavam ignorantes e horríveis.

Vamos pensar assim. Existem apenas duas hipóteses para a desigualdade racial e para explicar o motivo pelo qual os brancos eram livres e os negros foram escravizados nos Estados Unidos. Ou as políticas racistas forçaram os negros à escravização ou os animalescos negros eram adequados para a escravidão. Agora, se você faz um monte de dinheiro escravizando pessoas, então, para proteger seu negócio, você vai querer que acreditem que negros são adequados para a escravidão. Você produziria e faria circular essa ideia racista para impedir os abolicionistas de desafiar a escravidão, de abolir aquilo que está fazendo você lucrar. Você vê as políticas racistas da escravidão chegarem primeiro, seguidas pelas ideias racistas que servem para justificar a escravidão. E essas ideias racistas tornam as pessoas ignorantes sobre o racismo e fazem essas pessoas odiarem grupos raciais.

Quando comecei a escrever *Stamped from the Beginning*, confesso que eu tinha várias ideias racistas. Sim, eu. Eu sou afro-estadunidense. Sou um historiador que pesquisa afro-estadunidenses. Mas é importante lembrar que ideias racistas são ideias. Qualquer um pode produzi-las ou consumi-las, como este livro mostra. Eu pensei que havia certas coisas erradas com as pessoas negras (e com pessoas de outros grupos raciais). Enganado pelas ideias racistas, eu não entendia plenamente que a única coisa errada com pessoas negras é que nós pensamos que há alguma coisa errada com elas. Eu não entendia plenamente que a única coisa extraordinária em relação às pessoas brancas é que elas pensam que há alguma coisa extraordinária nelas. Existem *indivíduos* preguiçosos, trabalhadores, sábios, não sábios, inofensivos e nocivos de qualquer raça, mas nenhum *grupo* racial é melhor ou pior que outro em qualquer aspecto.

Comprometido com essa ideia antirracista de igualdade entre grupos, fui capaz de descobrir, autocriticar e me livrar de ideias racistas que havia consumido por toda a minha existência enquanto revelava e expunha as ideias racistas que outros haviam produzido por toda a existência dos Estados Unidos. O primeiro passo para construir um país antirracista é reconhecer seu passado racista. Ao reconhecer seu passado racista, podemos reconhecer um presente racista. Ao reconhecer um presente racista, podemos trabalhar em direção à construção de um país antirracista. Um país antirracista onde nenhum grupo racial possui mais ou menos, ou é pensado como mais ou menos. Um país antirracista onde as pessoas não mais odeiem grupos raciais nem tentem mudar grupos raciais. Um país antirracista onde a cor da nossa pele é tão irrelevante quanto a cor das roupas que cobrem a nossa pele.

E um país antirracista certamente virá. Nenhum poder dura para sempre. Chegará um tempo em que vamos *perceber* que a única coisa errada com negros é que as pessoas pensam que há alguma coisa errada com eles. Chegará um tempo em que as ideias racistas não mais nos impedirão de enxergar a completa e total anormalidade das disparidades raciais. Chegará um tempo em que amaremos a humanidade, quando tomaremos coragem de lutar por uma sociedade igualitária para nossa amada humanidade, sabendo, de forma inteligente, que, quando lutamos pela humanidade, estamos lutando por nós. Chegará um tempo. Talvez, apenas talvez, esse tempo seja agora.

Solidariamente,
Ibram X. Kendi

PARTE 1

1415 – 1728

1

A história do primeiro racista do mundo

Antes de começarmos, vamos acertar uma coisa. Este não é um livro de história. Repito: este *não* é um livro de história. Pelo menos não daquele tipo que vocês costumam ler na escola. Aqueles livros que mais parecem uma lista de datas (veremos algumas datas), com uma guerra ocasional aqui e ali, uma declaração (*definitivamente* vamos falar disso), uma constituição (também), um ou dois processos judiciais e, óbvio, aquele parágrafo lido durante o Mês da História Negra (Harriet! Rosa! Martin!).* Não é esse tipo. Este não é um livro de história. Ou, pelo menos, não é aquele tipo de livro de história. Mas este é um livro que contém história. Uma história diretamente conectada à nossa vida enquanto nós a vivemos neste minuto. Este é um livro do presente. Um livro sobre o aqui e o agora. Um livro que, espero, vai nos ajudar a entender melhor por que estamos onde estamos enquanto estadunidenses, especialmente quando nossa identidade pertence à raça.

---

* Em 1926, o historiador Carter G. Woodson (1875-1950) criou a Semana da História Negra, que viria a se tornar o Mês da História Negra, como forma de relembrar as contribuições políticas e sociais das pessoas negras aos Estados Unidos. Harriet Tubman (c. 1822-1913), Rosa Parks (1913-2005) e Martin Luther King (1929-1968) foram importantes ativistas pela liberdade e direitos das pessoas negras.

Ah, não. A palavra que começa com R. Que, para muitos de nós, ainda soa como restrito. Não recomendado. Ou que pode se ligar com outra palavra que tem a letra R — *corra*. Mas não. Vamos respirar fundo. Inspire. Segure. Expire e solte o ar:

RAÇA.

Viu? Não foi tão ruim. A não ser pelo fato de que raça tem sido um estranho e persistente veneno na história dos Estados Unidos, a qual, tenho certeza, vocês já conhecem. Também tenho certeza de que, dependendo de onde vocês estão e do lugar onde cresceram, suas experiências com essa palavra — ou pelo menos o momento em que vocês a reconheceram — podem variar. Algumas pessoas podem acreditar que raça não é mais um problema, que é coisa do passado, velhas histórias de tempos ruins. Outras podem estar certas de que raça é que nem um jacaré, um dinossauro que nunca se extinguiu, mas evoluiu. E que, embora escondido em águas pantanosas e turvas, esse monstro remanescente ainda é mortal. E ainda entre vocês pode ter alguém que sabe que a raça e, mais crítico ainda, o racismo estão em *toda parte*. Alguém entre vocês que vê o racismo roubando regularmente a liberdade das pessoas, seja com um violento assalto à mão armada ou um astuto bater carteira. Este livro, este livro de história *não livro de história*, este livro do presente, pretende levar vocês em uma jornada racial do ontem até o hoje, para mostrar por que nos sentimos como nos sentimos, por que vivemos como vivemos e por que esse veneno, reconhecível ou não, sendo um grito ou um sussurro, simplesmente não vai embora.

Mas isto aqui não é tudo. Não é a refeição completa. É mais como um aperitivo. Uma entrada para o banquete que será servido. Algo para animar vocês a escolher seu lugar — o lugar correto — na mesa.

Ah! E há três palavras que quero que vocês tenham em mente. Três palavras que descrevem as pessoas sobre as quais vamos falar: Segregacionistas. Assimilacionistas. Antirracistas.

Há importantes definições para todas elas, mas... Vou apresentar as minhas para vocês.

Segregacionistas são *haters*. Tipo, *haters* mesmo. São pessoas que nos odeiam por não sermos como elas. Assimilacionistas são pessoas que gostam da gente, mas apenas entre aspas. Tipo... "gostam" da gente. Quer dizer, elas "gostam" da gente porque somos iguais a elas. E tem as pessoas antirracistas. Elas *amam* a gente porque somos como somos. Mas é importante dizer: a vida raramente pode ser descrita com uma única palavra. Não é assim tudo organizado e uniforme. Então, às vezes, com o passar do tempo (e até com o passar de um dia), as pessoas podem assumir e performar ideias representadas por mais de uma dessas três identidades. Podem ser *ambas* ou *uma e outra*. Então tenham isso em mente quando formos falar desse pessoal.

E, na verdade, não são apenas essas palavras que usaremos para descrever as pessoas neste livro. Há também as palavras que vamos usar para descrever vocês. E eu. E todos nós.

Então, vamos começar? A gente pode muito bem entrar com tudo e começar com o primeiro racista do mundo. Eu sei o que vocês estão pensando. Vocês estão pensando: *Como é que alguém pode saber quem foi o primeiro racista do mundo? Ou: É, conta aí, daí a gente pode descobrir onde esse cara mora*. Bem, ele está morto. Morreu faz seiscentos anos. Ainda bem. E antes de eu contar sobre ele, tenho que apresentar um breve contexto.

Europa. É onde estamos. Onde ele estava. Como estou certo de que vocês devem ter aprendido até agora, os europeus (italianos, portugueses, espanhóis, alemães, franceses, britânicos) estavam conquistando todo o mundo, pois se há uma coisa que todos os livros de história *dizem* é que os europeus conquistaram grande parte do mundo. O ano é 1415 e o príncipe Henrique (sempre tem um príncipe Henrique) convenceu seu pai, o rei João de Portugal, a basicamente dar o golpe e tomar conta do principal depósito comercial muçulmano na ponta nordeste do Marrocos. Por quê? É simples. O príncipe Henrique estava com inveja. Os mulçumanos tinham riquezas, e, se o príncipe Henrique conseguisse tirar os mulçumanos do caminho, então essas riquezas e recursos poderiam ser facilmente acessados. Roubados. Um golpe de mestre. Um assalto. Puro e simples. O lucro: uma generosa provisão de ouro. E africanos. É isso mesmo, os portugueses estavam capturando o povo mouro, que se tornaria prisioneiro de uma guerra da qual os mouros não planejaram participar, mas tiveram de lutar para sobreviver. E com prisioneiros, quero dizer propriedade. Propriedade humana.

Mas nem o príncipe Henrique nem o rei João de Portugal receberam o título de *Primeiro Racista do Mundo* porque a verdade é que capturar pessoas não era algo incomum naqueles tempos. Fazia parte da vida. Esse apelido ilustre seria dado não a um homem chamado Henrique ou João, mas a alguém com um nome muito mais incrível e que fez algo não tão incrível assim — Gomes Eanes de Zurara. Ele, que parecia um líder de animadores de torcida, fez exatamente isso. Ele liderou ou animou uma torcida? Tanto faz. Ele foi um animador. Tipo isso. Não que ele torcesse por um time ou agitasse uma multidão, mas ele *foi* um homem que garantiu que o time pelo qual jogava fosse representado e anunciado como um grande time. Ele garantiu que o príncipe Henrique parecesse um atacante brilhante fazendo jogadas geniais e que cada gol fosse a marca de um jogador excepcional. Como Zurara fez isso? Por meio da literatura. Contação de histórias.

Ele escreveu a história, uma biografia da vida e do tráfico de escravizados do príncipe Henrique. Zurara era um obediente comandante da Ordem Militar de Cristo do príncipe Henrique e terminaria seu livro, que se tornaria a primeira defesa do tráfico de escravizados da África. O livro foi chamado de *Crônica da descoberta e conquista da Guiné*. Nele, Zurara se gabava sobre os portugueses terem sido os primeiros a trazer africanos escravizados do cabo do Saara Ocidental, falando sobre possuir seres humanos como se fossem pares de tênis exclusivos. Mais uma vez: isso era comum. Mas ele se gabou *ainda mais* ao explicar também o que fazia de Portugal um país diferente de seus vizinhos europeus em termos de tráfico de escravizados. Os portugueses agora viam a escravização de pessoas como um trabalho missionário. Uma missão de Deus para ajudar a civilizar e catequisar os africanos "selvagens". Pelo menos, era isso o que Zurara afirmava. E o motivo pelo qual tudo isso superava seus adversários — espanhóis e italianos — era porque eles ainda estavam escravizando europeus do leste, tipo pessoas brancas (que não eram chamadas de pessoas brancas na época). O trunfo de Zurara, sua grande jogada, foi que os portugueses escravizavam africanos (de todas as tonalidades, aliás) supostamente com o propósito de salvar a alma miserável deles.

Zurara fez o príncipe Henrique parecer um tipo de pregador de grupo jovem vasculhando as ruas, fazendo trabalho comunitário, quando, na verdade, o príncipe Henrique era mais um gângster. Mais um cara que extorquia as pessoas, um sequestrador que ganhava uma comissão por transportar os cativos do rei. A parte do príncipe Henrique, tipo os honorários de um descobridor: 185 escravizados, o equivalente a dinheiro, dinheiro, dinheiro, embora sempre com o disfarce de uma causa nobre, graças a Zurara, que também era pago para usar sua caneta. Parece que Zurara era só um mentiroso, certo? Um escritor de ficção? Então, o que fez dele o primeiro racista do mundo? Bem, Zurara foi a primeira pessoa a *escrever* sobre e *defender* a posse de humanos negros, e essa única documentação deu início à história registrada das ideias racistas contrárias aos negros. Sabe como os reis são sempre ligados ao local onde reinam? Tipo, o rei João de Portugal? Bem, se Gomes Eanes de Zurara fosse rei de alguma coisa (o que ele não foi), ele teria sido o rei Gomes do Racismo.

O livro de Zurara, *Crônica da descoberta e conquista da Guiné*, foi um sucesso. E vocês sabem o que sucessos fazem — se espalham. Como uma música pop que todo mundo diz odiar, mas sabe a letra, e, então, de repente, ninguém mais odeia a música, que acaba virando um hino. O livro de Zurara virou um hino. Uma música cantada por toda a Europa como a primeira fonte de conhecimento sobre uma África e povos africanos desconhecidos pelos primeiros traficantes de pessoas escravizadas na Espanha, Holanda, França e Inglaterra.

Zurara descreveu os africanos como animais selvagens que precisavam ser domesticados. Essa descrição, com o tempo, começaria até a convencer alguns africanos de que eles eram inferiores, como al-Hasan Ibn Muhammad al-Wazzan al-Fasi, um intelectual marroquino que estava em uma viagem diplomática pelo mar Mediterrâneo quando foi capturado e escravizado. Ele acabou sendo libertado pelo papa Leão X, que o converteu ao cristianismo, o rebatizou como Giovanni Leone (mais tarde ele passou a ser conhecido como Leo Africanus ou Leão, o Africano) e possivelmente encomendou uma pesquisa sobre a África para ele. E nessa pesquisa, Africanus ecoou os sentimentos de Zurara em relação aos africanos, seu próprio povo. Ele disse que os africanos eram selvagens hipersexuais, o que o tornou o primeiro africano racista conhecido. Quando eu era criança, gente assim era chamada de "pau-mandado" ou "vendida". De qualquer forma, a documentação de Zurara da ideia racista de que os africanos precisavam ser escravizados para ter comida e aceitar Jesus, e de que tudo isso era ordenado por Deus, começou a se infiltrar aos poucos para então grudar na psique cultural europeia. E algumas centenas de anos depois, essa ideia acabaria chegando na América.

2

Poder puritano

Certo, tomara que agora vocês estejam dizendo: *UAU, este livro não é mesmo que nem os outros livros de história que a gente conhece*. E se vocês não acham isso, bem... então estão mentindo. E, adivinha só, vocês não seriam a primeira pessoa a fazer isso.

Depois da mentira ridícula e mercenária plantada por Gomes Eanes de Zurara, houve outras "teorias raciais" europeias que a seguiram direitinho, usando o texto dele como um ponto de partida para os próprios conceitos e ideias racistas usados para justificar a escravização de africanos. Porque se há uma coisa que sabemos sobre seres humanos é que muitos de nós são seguidores à procura de um lugar do qual fazer parte, de forma que a gente se sinta melhor em relação ao nosso egoísmo. Ou sou só eu? Só eu? Entendi. Bem, os seguidores chegaram farejando, tentando encontrar apoio para as suas teorias disparatadas (melhor palavra de todos os tempos, melhor ainda que Zurara, embora possa ser um sinônimo), duas das quais estariam sempre à mesa para a conversa sobre racismo pelos próximos séculos.

Essas teorias eram:

1. A TEORIA CLIMÁTICA:

Essa teoria veio, na verdade, de Aristóteles (vamos voltar nele mais adiante), que se perguntou se os africanos tinham nascido "assim" ou se o calor do continente os tornou inferiores. Muitos concordaram que era o clima, e que se os africanos vivessem sob temperaturas mais baixas, eles poderiam, de verdade, se tornarem brancos. E

2. A TEORIA DA MALDIÇÃO:

Em 1577, após notar que os Inuítes da região nordeste (bem fria) do Canadá eram mais escuros que as pessoas que moravam no Sul, mais quente, o escritor viajante inglês George Best determinou — convenientemente para os interessados em possuir pessoas escravizadas — que poderia não ser o clima o que tornava as pessoas mais escuras inferiores, e, em vez disso, determinou que os africanos eram, na verdade, amaldiçoados. (Antes de mais nada, dá para imaginar um daqueles caras dos programas de viagem dizendo que vocês carregam uma maldição? Tipo... sério?) E o que Best usou para provar essa teoria? Apenas um entre os mais irrefutáveis livros de todos os tempos: a Bíblia. Na bizarra interpretação que Best fez do Gênesis, Noé ordena que seus filhos brancos não façam sexo com suas esposas na arca e então diz a eles que a primeira criança nascida depois do dilúvio herdaria a terra. Quando o malvado, tirânico e hipersexual Cam (vai à loucura e) transa na arca, a vontade de Deus é que os descendentes de Cam sejam escuros e nojentos, e que o mundo inteiro os enxergue como sinais de problema. Simples assim: os filhos de Cam seriam negros e maus, o que basicamente faria dos negros... pessoas más. A teoria da maldição se tornaria a âncora daquilo que justificaria a escravidão na América.

Essa teoria se desdobraria em outra ideia ridícula, o estranho conceito de que, porque os africanos eram amaldiçoados e, de acordo com esses europeus, precisavam ser escravizados para ser salvos e civilizados, a relação entre a pessoa escravizada e seu mestre era amorosa. Mais como pais e filhos. Ou pastor e fiel. Mestre, aprendiz. Eles pintavam um quadro cheio de compaixão daquilo que certamente era uma experiência terrível porque, bem, seres humanos foram forçados à servidão e não há maneira de transformar isso na imagem de uma família grande e feliz.

Mas a literatura afirmou o contrário. É isso mesmo, tivemos outra obra literária escrita por um homem chamado William Perkins, intitulada *Ordering a Familie* [Ordenando uma família], publicada em 1590, na qual ele argumenta que a pessoa escravizada fazia parte de uma unidade familiar amorosa que era ordenada de uma forma em particular. E também que as almas e o potencial das almas eram iguais, mas não a pele. É como dizer: "Eu trato meu cachorro como trato meus filhos, ainda que eu tenha treinado o cachorro para pegar meu jornal batendo nele e dando uns puxões em sua coleira." Mas todas essas ideias livraram a barra emocional dos novos escravocratas e os retratou como benevolentes bons samaritanos que colocavam os africanos "em ordem".

Uma geração depois, a escravidão atracou em um lugar que se tornaria os Estados Unidos, então recentemente colonizados. E entre as pessoas que estavam lá para conduzir a escravidão e, mais importante, para usá-la na construção desse novo país, estavam dois homens que se viam como um tipo similar de bom samaritano. Seus nomes: John Cotton e Richard Mather.

Sobre Cotton e Mather: eles eram puritanos.

Sobre os puritanos: eles eram ingleses protestantes que acreditavam na reforma da Igreja Anglicana basicamente como uma dissolução do cristianismo. E para regular o cristianismo, eles o transformaram em uma doutrina mais disciplinada e rígida. Então esses dois homens, em épocas diferentes, atravessaram o Atlântico em busca de uma nova terra (que se tornaria Boston) para escapar da perseguição inglesa e pregar sua versão — uma versão mais "pura" — do cristianismo. Eles desembarcaram nos Estados Unidos depois de terem feito viagens perigosas, especialmente Richard Mather, cujo navio navegou por uma tempestade em 1635 e quase colidiu com uma rocha enorme no oceano. Mather, óbvio, encarou como um milagre o fato de ter saído vivo de sua jornada e se tornou ainda mais devoto a Deus.

Os dois eram pastores. Eles construíram igrejas em Massachusetts e o mais importante: eles construíram sistemas. A igreja não era apenas um lugar de adoração. A igreja era um lugar de poder e influência, e, nessa nova terra, John Cotton e Richard Mather tinham poder e influência de sobra. Desta forma, a primeira coisa que eles fizeram para espalhar os costumes puritanos foi encontrar outras pessoas com opiniões similares. E, com esses camaradas, eles criaram escolas para impor um ensino superior direcionado para sua maneira de pensar.

Qual universidade vocês acham que foi a primeira a receber o toque puritano? É uma pegadinha. Porque a resposta é: a primeira universidade *de todos os tempos* dos Estados Unidos (lembrem que essa era uma sociedade novinha em folha!). E a primeira universidade de *todos os tempos* dos Estados Unidos foi Harvard. Mas teve uma pegadinha na fundação de Harvard. Uma pegadinha diretamente ligada a Zurara, às teorias climática e da maldição e a tudo o mais que falamos até aqui. Vejam, Cotton e Mather foram estudiosos de Aristóteles. E Aristóteles, embora considerado um dos maiores filósofos gregos de todos os tempos — famoso por coisas que não discutiremos aqui porque este não é um livro de história —, acreditava em outra coisa pela qual não é tão famoso: a hierarquia humana.

Aristóteles acreditava que gregos eram superiores a não gregos. John Cotton e Richard Mather pegaram a ideia de Aristóteles (porque eles também eram seguidores) e a transformaram em uma nova equação, substituindo "grego" por "puritano". E por causa de suas miraculosas jornadas através daquele oceano furioso, especialmente a viagem de Richard Mather, eles acreditavam que eram pessoas escolhidas. Especiais aos olhos de Deus. Superioridade puritana.

De acordo com os puritanos, eles eram melhores que:

1. Os nativos americanos.

2. Os anglicanos (ingleses) que não eram puritanos.

3. Todas as outras pessoas que não eram puritanas.

4. Os africanos, em particular.

E adivinhem só o que eles fizeram durante a constituição de Harvard? Eles deram um jeito de fazer com que os textos em grego e latim não pudessem ser contestados. O que significa que as ideias de Aristóteles, um homem que acreditava na hierarquia humana e usava o clima para justificar *quais* humanos eram os melhores, não podiam ser contestadas, apenas tomadas como verdade.

E, assim, o terreno foi preparado não apenas para justificar a escravização, mas para justificá-la por muito, muito tempo, simplesmente porque foi tecida nos sistemas religiosos *e* educacionais dos Estados Unidos. E o que bastou para completar esse quebra-cabeça opressor foram as pessoas escravizadas.

Nessa época, os Estados Unidos eram tipo um daqueles jogos em que a gente tem que construir um mundo. Uma rede de fazendeiros e colonos. E se você não era um fazendeiro-colono, então devia ser um missionário. Daí ou você cuidava da terra ou frequentava a igreja, e todo mundo trabalhava para prosperar em terras roubadas — e obviamente seus vizinhos indígenas não estavam felizes com nada disso, porque o mundo era destruído enquanto um novo mundo era construído, plantando uma semente por vez.

E que semente era essa? Tabaco. Um homem chamado John Pory (um defensor da teoria da maldição), o primo de um dos primeiros grandes donos de terras, foi nomeado como o primeiro líder legislativo dos Estados Unidos. A primeira coisa que ele fez foi estabelecer o preço do tabaco quando percebeu que o produto seria o principal cultivo comercial do país. Mas se o tabaco realmente faria algum dinheiro, se realmente se tornaria o recurso natural explorado para fortalecer o país, então eles precisariam de mais recursos *humanos* para cultivá-lo.

Já viram onde isso vai dar?

Em agosto de 1619, um navio espanhol chamado *San Juan Bautista* foi saqueado por dois navios piratas. O *Bautista* transportava 350 angolanos, pois os escravocratas da América Latina já tinham estabelecido o próprio sistema de tráfico de escravizados, tornando cativas 250 mil pessoas. Os piratas saquearam o *Bautista* e capturaram sessenta angolanos. Então seguiram rumo ao leste, finalmente chegando nas terras de Jamestown, Virgínia. Eles venderam vinte angolanos para o primo de John Pory. O dono de toda aquela terra, que acabou se tornando governador da Virgínia. Seu nome era George Yeardley, e esses primeiros vinte escravizados, para Yeardley e Pory, tinham chegado bem na hora... de trabalhar.

Mas, lembrem, os Estados Unidos estavam repletos de colonos e missionários. E os novos escravizados causariam algum conflito entre esses dois grupos. Para os colonos, a pessoa escravizada era de grande ajuda e poderia servir a eles como aquela senha que a gente usa para sacar dinheiro. Aí vem grana. De outro lado, os missionários — seguindo a linha do puritanismo e da propaganda de Zurara — viam a escravização como um meio de salvação. Os colonos queriam aumentar seus lucros enquanto os missionários queriam ampliar o reino de Deus.

E ninguém se importava com o que os africanos escravizados queriam (o que, para começo de conversa, seria não ter sido escravizados). Eles definitivamente não queriam a religião de seus mestres. E seus mestres também resistiam a isso. Os escravocratas não estavam interessados em ouvir nada a respeito da conversão de seus escravizados. Garantir suas colheitas ano a ano era mais importante para eles que a salvação da alma. A colheita era mais importante que a humanidade. E as desculpas que eles usaram para evitar o batismo de pessoas escravizadas foram:

Africanos eram bárbaros demais para que fossem convertidos.

Africanos eram selvagens até a alma.

Africanos não podiam ser amados

NEM POR DEUS.

3

Um Adão diferente

Como mencionei antes, depois da documentação sem noção de Zurara sobre o tráfico de pessoas escravizadas e a natureza selvagem dos africanos, muitos outros europeus começaram a escrever os *próprios* testemunhos e teorias. Mas isso não parou em Aristóteles ou George Best (o escritor viajante). Um século depois, a tradição — que continuaria indefinidamente — de escrever sobre os africanos seguia sã e salva e mais criativa do que nunca. E quando digo criativa, eu digo bem ruim mesmo.

Houve uma obra de 1964 escrita pelo pastor britânico Richard Baxter, intitulada *A Christian Directory* [Um diretório cristão].

NOTAS SOBRE BAXTER:
Ele acreditava que a escravidão ajudava os africanos. E até disse que havia "escravos voluntários", como se os africanos *quisessem* ser escravizados para poder ser batizados. (Escravos voluntários? Richard Baxter estava bem louco, realmente.)

Também tivemos um trabalho do grande filósofo inglês John Locke.

NOTAS SOBRE LOCKE (em relação aos africanos):

Ele acreditava que as mentes mais imaculadas, puras e perfeitas pertenciam aos brancos, dizendo basicamente que os africanos tinham a mente poluída.

E outra do filósofo italiano Lucilio Vanini:

NOTAS SOBRE VANINI:

Ele acreditava que os africanos nasciam de um "Adão diferente", que tinham uma história da criação diferente. Obviamente, isso significaria que eram uma espécie diferente. Era como dizer (ou, para ele, *provar*) que os africanos não eram humanos de verdade. Como se eles fossem animais, talvez, ou monstros, ou alienígenas, mas não humanos — pelo menos não como os brancos — e, portanto, não teriam que ser tratados como tal. Essa teoria, chamada poligenismo, ampliou a conversa sobre raça. E só colocou aquela idiotice do mestre benevolente de Zurara em destaque. Tipo, os africanos passaram de selvagens a SELVAGENS, o que intensificou sua necessidade de conversão cristã e civilização.

PAUSA.

Eu sei que a gente está aqui falando e falando sobre pessoas tentando justificar a escravidão, mas é importante (muito importante) dizer que esse tempo todo também houve pessoas que resistiram e lutaram contra essas ideias racistas ridículas com ideias abolicionistas. Contra esse caso em particular — a teoria do poligenismo de Vanini —, quem se rebelou foi um grupo de menonitas em Germantown, Pensilvânia. Os menonitas são uma denominação cristã oriunda de áreas da Europa Central onde se fala alemão e holandês. Durante o século XVI e início do XVII, autoridades ortodoxas estavam matando os menonitas por causa de suas crenças religiosas. E os menonitas não queriam deixar um lugar opressor para construir outro nos Estados

Unidos, então eles fizeram circular uma petição antiescravidão em 18 de abril de 1688, denunciando a opressão por conta da cor da pele e equiparando-a à opressão por conta da religião. Ambas as opressões eram erradas. Essa petição — "A petição de Germantown contra a escravidão de 1688" — foi o primeiro documento antirracista (é isso aí!) entre os colonizadores europeus na América colonial.

Mas sempre que as pessoas se opõem a coisas ruins, as coisas ruins tendem a piorar. Tem aquele ditado, tipo *É na batalha que surgem os... racistas.* Ou algo assim. Então toda essa conversa antirracista dos menonitas foi calada porque os senhores de escravos não curtiam as pessoas falando mal do trabalho deles.

Porque eles precisavam de pessoas escravizadas.

Porque pessoas escravizadas geravam dinheiro para eles.

É tudo muito simples.

Agora, há um cenário meio óbvio que precisamos discutir — o assunto que a gente viu na primeira série, em nossos cadernos de desenho e livros de colorir. Os mal interpretados e mal representados donos dessa terra — os nativos americanos. Tudo isso está acontecendo na terra deles. Uma terra que foi tirada à força, reivindicada e dominada por europeus em fuga de suas terras natais, que temiam pela vida. É tipo aquele menino que apanha todo dia na escola e volta para casa chorando para a mãe, que decide colocá-lo em outra escola. E adivinha o que esse menino faz quando chega em sua nova escola? Ele finge que não era um saco de pancada e se torna o valentão mais chato do mundo. E os nativos americanos ficaram cansados desse menino marrento e arrogante.

Então... *BRIGA!*

A disputa entre os nativos americanos e os novos americanos (brancos) ficou fermentando por mais de um ano (mas sejamos honestos: certeza que foi *bem* mais que isso). E quando eu digo fermentando, quero dizer... as pessoas estavam morrendo. Um derramamento de sangue. Os puritanos na Nova Inglaterra já tinham perdido suas casas e dezenas de soldados. Mas, em algum ponto, um nativo americano chamado Metacomet, um líder de guerra, foi morto, o que basicamente deu um fim à batalha em 1676. Os puritanos desmembraram seu corpo (que nem... selvagens?) como fariam com um porco e desfilaram seus restos mortais por Plymouth.

Mas a nação de Metacomet não era o único povo indígena, obviamente. Nem era o único que estava sendo atacado. Lá na Virgínia, um colono de 29 anos, Nathaniel Bacon... Espera. Vamos fazer uma pausa para entender a ironia no fato de que tinha um *agricultor* com o sobrenome *bacon*. Bacon! Ele devia era ser um açougueiro! Bem, Bacon não estava chateado por causa da questão racial, mas pela questão de classe. Porque lá estava ele, um trabalhador branco que também estava sendo explorado pela elite branca. Então, o que ele fez para cutucar os poderosos foi direcionar sua raiva dos brancos ricos para os Susquehannocks, uma nação indígena. Pode parecer estranho, mas foi uma boa jogada porque o governador na época, William Berkeley, estava fazendo o possível para *não* brigar com os indígenas, pois isso prejudicaria seu comércio de peles e, portanto, seus ganhos. Então atacar os indígenas foi uma forma de atacar a estrutura de poder, mas pela porta dos fundos. Como dizemos: "É no bolso que dói *mais*." E para piorar a situação, Bacon libertou todos os servos e negros porque, até onde a gente sabe, embora fossem de raças diferentes, eles pertenciam à mesma classe e deviam se unir contra o verdadeiro inimigo — brancos ricos. Mas o governador sabia que se os negros e os brancos unissem suas forças, ele estaria acabado. Tudo estaria acabado. Seria o apocalipse. Assim, ele teve que bolar um jeito de colocar os brancos pobres e os negros pobres uns contra os outros, de forma que eles ficassem separados para sempre e nem um pouco a fim de dar as mãos e erguer os punhos contra a elite. E ele fez isso por meio da criação dos (atenção...) privilégios brancos.

Um tempinho para respirar. Todo mundo: inspira. Segura. Expira e solta o ar:

PRIVILÉGIO.

Vocês ainda estão aí? Vamos em frente.

Então, os privilégios brancos foram criados e, naquela época, incluíam:

1. Só os rebeldes brancos foram perdoados; os legisladores prescreveram trinta chicotadas para qualquer pessoa escravizada que levantasse a mão "contra qualquer cristão" (cristão agora significava branco).

2. Todos os brancos agora tinham o poder absoluto de abusar de qualquer africano.

Esses são os dois privilégios mais importantes — brancos pobres não seriam punidos, mas certamente poderiam punir.

4

Um racista prodígio

Lembram de John Cotton e Richard Mather, os puritanos que botaram a bola racial estadunidense para rolar? Bem, acontece que eles tiveram um neto. Bem, não os dois juntos, óbvio, mas:

A esposa de Richard Mather morre.

John Cotton morre.

Richard Mather se casa com a viúva de John Cotton, Sarah.

O filho mais novo de Richard Mather, Increase, se casa com a filha de Sarah, Maria, fazendo dela sua esposa e meia-irmã. (Hmm...)

Increase e Maria têm um filho. Em 12 de fevereiro de 1663. A criança foi batizada em homenagem às duas famílias.

Cotton e Mather se tornam... Cotton Mather.

Quando Cotton Mather ouviu falar da rebelião de Bacon, ele já estava na escola. Ele era um aluno de Harvard de 11 anos (o mais jovem de todos os tempos), obviamente um nerd e, além de tudo, extremamente religioso. Cotton sabia que era especial, ou pelo menos estava predestinado a ser, o que, óbvio, não serviu para nada a não ser encher seus colegas de classe de rancor. Eles queriam desesperadamente acabar com Cotton, fazer o menino pecar. Porque ninguém gosta de gente exibida. Basicamente, Cotton Mather era obcecado pela perfeição e se culpava por tudo o que considerava errado ou diferente nele mesmo, acreditando que até sua gagueira, contra a qual ele lutou, era resultado de alguma coisa pecaminosa que tinha feito.

Por ser tão inseguro com sua dificuldade de falar, Cotton Mather se pôs a escrever e por fim acabaria escrevendo mais sermões que qualquer outro puritano da história. Quando se formou em Harvard, ele superou a gagueira, o que, na sua visão, só podia ter sido um livramento de Deus.

Ser livrado de sua gagueira foi uma coisa boa porque ele estava destinado ao púlpito. O neto de dois pregadores puritanos *tinha* que crescer para se tornar um. Sem escolha. E não havia melhor forma de iniciar sua carreira como clérigo do que colidar a igreja de seu pai (também um pregador). Mas enquanto ele fugia das provocações de seus colegas em Harvard, tentando usar suas palavras e fazendo o possível para trilhar um caminho reto aos olhos de Deus, havia uma tensão crescente entre a Nova Inglaterra e a "Velha" Inglaterra. Em 1676, Edward Randolph, um administrador colonial, viajou até a Nova Inglaterra para ver o estrago que o herói de guerra indígena, Metacomet, e seus guerreiros tinham feito. Randolph reportou o estrago ao rei Carlos II e sugeriu que eles pesassem mais a mão na Nova Inglaterra porque, claramente, o experimento no Novo Mundo não estava indo tão bem. Então agora o irmão mais velho estava ameaçando intervir para limpar a bagunça do caçula, o que significava que Massachusetts perderia seu governo local se não desafiasse o rei. A outra opção, claro, era os colonos entrarem na linha. Mas isso significava abrir mão de tudo o que eles tanto trabalharam para construir. Desafiar parecia ser uma jogada melhor. E em 1689, os novos ingleses fizeram isso.

O lance com a revolução é que quase sempre tem a ver com pessoas pobres revoltadas por serem manipuladas pelos ricos. Daí que Cotton Mather, embora recentemente graduado em Harvard e um temente a Deus, pregador e erudito, tinha um problema em suas mãos porque... ele era rico. Ele vinha de uma família da elite, recebeu uma educação de elite e viveu uma vida de elite, embora devota, bem distante dos colonos e mais distante ainda das pessoas escravizadas. Então a Revolução de 1688, chamada de Revolução Gloriosa, não era tão gloriosa para ele. E temendo que a ira responsável pela revolta passasse das elites britânicas para as elites locais — ou seja, ele mesmo —, Cotton criou um novo vilão como distração. Um demônio invisível (entra a música sinistra).

Mather escreveu um livro chamado *Memorable Providences, Relating to Witchcrafts and Possessions* [Providências memoráveis, relativas a bruxarias e possessões]. É isso aí, Cotton Mather, o menino gênio, destinado à grandeza intelectual e espiritual, era obcecado por bruxas. E essa obsessão provocaria um incêndio que ele não pôde prever, mas que recebeu como a vontade de Deus.

O livro de Mather, ao traçar os sintomas da bruxaria, ponderou sua cruzada contra os inimigos das almas brancas. Seu pai era só um obcecado, mas ninguém botou tanta gasolina na fogueira quanto um pastor de Salem, Massachusetts, chamado Samuel Parris. Em 1692, quando a filha de 9 anos de Parris começou a sofrer de convulsões e perda de ar, ele acreditou que a menina estava possuída ou que tinha sido amaldiçoada por uma bruxa.

Foi o que bastou. A caça às bruxas teve início.

Nos próximos meses, conforme casos fantásticos continuavam a acontecer, as pessoas seguiam sendo acusadas de bruxaria, o que, felizmente para caras como Cotton Mather, desviou a atenção do político para o religioso. E em quase todos os casos, "o diabo" que estava perseguindo os inocentes puritanos brancos era descrito como negro. Óbvio. Um puritano descreveu o diabo como "um negro pequeno e barbudo"; outro viu "uma coisa preta de grandeza considerável". Uma coisa preta pulou a janela de um homem. "Seu corpo parecia o corpo de um macaco", o observador acrescentou. "Os pés pareciam de galo, mas o rosto era mais de homem." Uma vez que o diabo representava a criminalidade, e uma vez que os criminosos da Nova Inglaterra eram considerados seguidores do diabo, a caça às bruxas de Salem transformou o rosto negro na face da criminalidade. Era tipo matemática racista. Encontre o x. Resolva o branco. Encontre qualquer coisa que não a verdade.

Quando a caça às bruxas finalmente acalmou, as autoridades de Massachusetts se desculparam com os acusados, anularam as condenações por julgamento e providenciaram reparações no início dos anos 1700. Mas Cotton Mather nunca parou de defender os julgamentos porque ele nunca parou de defender a religião, a posse de pessoas escravizadas e as hierarquias de gênero, classe e raça reforçadas pelos julgamentos. Ele se considerava um defensor das leis de Deus e o crucificador de qualquer não puritano, africano, nativo americano, pessoa pobre ou mulher que desafiasse as leis de Deus ao não se submeter a elas.

E assim como aconteceu com os teóricos antes dele — as crias racistas de Zurara —, as ideias e os escritos de Cotton Mather se espalharam de Massachusetts para o país inteiro. E isso se deu justamente enquanto outras duas coisas estavam acontecendo: Boston se tornava a capital intelectual dos Estados Unidos e o tabaco estava fazendo o maior sucesso. Bombando mesmo. O que significava ter *mais* escravos para dar um jeito nisso.

Conforme a população de escravizados crescia, que era o que os senhores de escravos precisavam para cultivar a terra e plantar tabaco de graça, o medo de outras revoltas crescia junto. Tipo um medo normal em resposta a um sistema tão anormal. Então, para evitar que suas propriedades humanas se revoltassem, os senhores de escravos e políticos criaram um *novo* sistema anormal. Um novo conjunto de códigos racistas.

1. Relações inter-raciais eram proibidas.

2. Impostos eram cobrados por cativos importados.

3. Nativos e negros eram taxados da mesma forma que os cavalos e os porcos no código tributário. Quer dizer, literalmente classificados como gado, e não como seres humanos.

4. Negros eram proibidos de ter cargos.

5. Qualquer propriedade pertencente a uma pessoa escravizada tinha que ser vendida, o que, óbvio, contribuía para a pobreza das pessoas negras.

6. Ah, e todos os servos brancos libertos e contratados ganharam cinquenta acres de terra, o que, óbvio, contribuiu para a prosperidade das pessoas brancas.

E enquanto tudo isso acontecia — esse ataque sistêmico, essas jogadas políticas racistas, essa violência e discriminação —, Cotton Mather, cheio de si, ainda estava tentando convencer as pessoas que o necessário a ser feito, a única·missão da escravidão, era salvar as almas dos escravizados porque, por meio dessa salvação, eles seriam embranquecidos. *Purificados.*

Os escravocratas começaram a se abrir mais para essas ideias com o tempo, até que aconteceu o Primeiro Grande Despertar que varreu as colônias em 1730 e foi liderado por um cara de Connecticut chamado Jonathan Edwards. Edwards, cujo pai tinha sido ensinado por Increase Mather, era um descendente direto do pensamento puritano dos Mather. Ele falava sobre a igualdade humana (na alma) e da capacidade que qualquer um tinha de se converter. E conforme esse despertar cristão racista continuava a evoluir, enquanto pessoas como Edwards carregavam a tocha da tortura, Cotton Mather envelhecia. Em 1728, no seu aniversário de 65 anos, ele chamou o pastor de sua igreja para a sala de orações. No dia seguinte, Cotton Mather, um dos maiores acadêmicos tementes a Deus da Nova Inglaterra, estava morto. Mas vocês sabem como a morte é. Seu corpo vai embora, mas suas ideias ficam. Seu impacto perdura, mesmo quando é tóxico. Alguns corpos são enterrados e margaridas crescem por cima. Outros encorajam o crescimento de ervas daninhas que tentam estrangular qualquer coisa viva ao redor.

PARTE 2

1743 — 1826

5

Prova na poesia

É assim que a vida funciona. As coisas crescem e mudam, ou pelo menos as coisas *parecem* mudar. Às vezes a mudança é só no papel; às vezes há uma mudança fundamental. Na maioria das vezes, é um pouco das duas coisas. Em meados de 1700, depois da morte de Cotton Mather, e em meio à continuação de seu legado por seus seguidores, os Estados Unidos entraram naquilo que hoje chamamos de Era do Iluminismo.

Iluminismo. O que isso quer dizer? Bem, o nosso velho companheiro Aulete define *iluminado* como algo "que se iluminou, que recebeu luz". (Não é engraçado como todo professor sempre diz para vocês não definirem uma palavra usando essa mesma palavra na definição? Na próxima vocês respondam: "Se as pessoas que escrevem dicionários podem fazer isso, eu também posso!".) Mas ser iluminado significa também ser informado. Livre da ignorância. Então esse novo movimento, o Iluminismo, estava espalhando por aí alto e bom som o fato de que ali estava uma nova geração, uma nova era mais sábia. Pensadores melhores. E nos Estados Unidos o líder desse movimento de "pensadores melhores" foi o próprio Sr. Nota de Cem — Benjamin Franklin.

Franklin fundou um clube chamado American Philosophical Society [Sociedade Filosófica Americana] em 1743, na Filadélfia. A sociedade foi criada nos moldes da Royal Society [Sociedade Real] da Inglaterra e foi, basicamente, um clube para pessoas (brancas) inteligentes. Pensadores. Filósofos. E... racistas. Vejam, na era do Iluminismo, a luz era vista como uma metáfora para a inteligência (tipo, *Eu vejo a luz*) e também para a branquitude (tipo, o oposto de escuro). E era isso o que Franklin estava trazendo para os Estados Unidos com seu clube de gênios tolos. E uma dessas contradições ambulantes foi Thomas Jefferson.

Vamos falar de Jefferson. Lembra que eu disse que Gomes Eanes de Zurara foi o primeiro racista do mundo? Bem, Thomas Jefferson deve ter sido a primeira pessoa branca do mundo a dizer: "Eu tenho amigos negros." Não sei se é verdade, mas eu apostaria que sim. Ele foi criado sem religião, em uma casa onde indígenas eram convidados, e pessoas negras, embora escravizadas, eram amigas dele, pelo menos até onde ele dizia. Quando jovem, Jefferson não via as pessoas escravizadas como inferiores nem ligava muito para a escravidão. Na verdade, ele não as via como escravizadas. E só depois de mais velho, quando seus "amigos" africanos começaram a contar para ele os horrores da escravidão — incluindo o terror que acontecia em sua casa —, foi que ele se deu conta de que a vida daquelas pessoas era muito diferente do que ele jamais havia pensado. E como poderia não ser? Seu pai era o segundo maior senhor de escravos de Albemarle County, Virgínia, e não sei vocês, mas eu não sou *senhor* dos meus amigos.

Quando cresceu, Thomas Jefferson estudou direito para lidar com o pensamento antirracista (sim, o senhor de escravos estava estudando *anti*rracismo). Ele acabou colocando o dinheiro acima da moral, uma lição de seu pai, e construiu sua *plantation* em Charlottesville, Virgínia. A escravidão não tinha nada a ver com pessoas, mas com lucro. Negócios.

Muitas vezes me pergunto se em algum momento um dos escravizados de Jefferson — um dos seus *amigos* — ensinou coisas que ele não poderia aprender na American Philosophical Society. E, em caso positivo, se esse escravizado em particular foi visto como alguém, como algo, diferente. Tipo como um "Supernegro". E também se o seu "Eu tenho amigos negros" já foi alguma vez seguido por "Vocês não são como os outros". E se quando os amigos de Jefferson apareciam, ele fazia esse escravizado mostrar sua inteligência, talento ou qualquer outra coisa "especial" que ele pensava que apenas pessoas brancas podiam fazer. Porque lá em cima, em Boston, enquanto Jefferson construía sua *plantation*, uma jovem chamada Phillis Wheatley estava sendo examinada microscopicamente por ser "especial".

Tipo, não literalmente examinada em um microscópio. Ela era grande demais para isso. Nem um pouco microscópica. Na verdade, ela estava sendo estudada não por ser pequena, mas porque tinha uma grandeza intelectual e criativa que deixava os brancos de boca aberta.

Ela era uma poeta. Mas antes de ser poeta, foi uma menina, uma cativa trazida da Senegâmbia em um navio. Ela foi comprada pela família Wheatley, que queria uma filha para substituir aquela que eles tinham perdido. Phillis seria a substituta. E porque era uma "filha", ela nunca foi escravizada e foi até educada em casa.

Aos 11 anos, ela escreveu seu primeiro poema.

Aos 12, ela já lia clássicos gregos e latinos, literatura inglesa e a Bíblia.

No mesmo ano, ela também publicou seu primeiro poema.

Aos 15, ela escreveu um poema sobre seu desejo de estudar em Harvard, que era um lugar totalmente masculino e branco.

Aos 19, ela começou a reunir seus poemas em uma coleção. Um livro.

Neste ponto, vocês já devem saber que ela não tinha nenhuma chance de ser publicada. Pelo menos não sem passar por umas poucas e boas. Então, em 1772, John Wheatley, o pai adotivo de Phillis, reuniu dezoito dos homens mais inteligentes do país em Boston para que eles pudessem testá-la. Conferir se uma pessoa negra podia realmente ser tão inteligente e letrada quanto Phillis. Quanto eles mesmos. E, claro, ela respondeu corretamente a cada uma das perguntas que fizeram e se provou... humana.

No entanto, ninguém iria publicá-la. Digo, esses dezoito homens sabiam que ela era brilhante, mas nenhum deles era editor e, mesmo que fossem, por que arriscariam seus negócios publicando uma menina negra em um mundo racista onde a poesia era coisa de gente branca e rica?

Mas, mesmo assim, as façanhas de Wheatley provaram que os negros não eram burros, e essa informação se tornou uma arma para quem era contra a escravidão. Pessoas como Benjamin Rush, um médico da Filadélfia que escreveu um panfleto que dizia que as pessoas negras não nasceram selvagens, mas que foram transformadas em selvagens *pela* escravidão.

Repetição em *looping*.

PAUSA.

OK, vamos acertar uma coisa, porque esse é um argumento que vocês vão ouvir repetidamente durante a vida (espero que não, mas é bem provável). Dizer que a escravidão — ou, hoje em dia, a pobreza — *torna* negros animais ou criaturas sub-humanas é racista. Eu sei, eu sei. Essa afirmação parece ter uma "boa" intenção. Tipo quando as pessoas dizem: "Você é uma gracinha... seu (insira um atributo físico que não deveria ser usado como um insulto, mas é definitivamente usado como um insulto porque não se encaixa no estranho e limitado padrão de beleza europeu)". Esse é um argumento dissimulado e não reconhece você por você. Essa é a diferença entre um assimilacionista e um antirracista (é isso aí!).

Então, quando se tratava de Phillis Wheatley, um assimilacionista como Benjamin Rush argumentava que ela era inteligente só porque não tinha sido escravizada, ou seja, a escravidão emburrece você. Notícia de última hora: Wheatley era inteligente porque teve a oportunidade de estudar e não foi torturada todos os dias de sua vida. E mesmo as pessoas que eram torturadas a vida toda e não tiveram a oportunidade de ir para a escola ainda encontraram meios de pensar e criar. Ainda encontraram maneiras de ser humanas a seu modo. Embora sua poesia parecesse diferente. Embora essas pessoas muitas vezes não tivessem a oportunidade de escrever sua poesia.

Vê como a coisa funciona, sr. Rush? Sr. *iluminado*? Hein? Beleza. Falou, valeu.

Enquanto Rush estava trabalhando nesse argumento, Wheatley estava sendo exibida em Londres como uma estrela. Os britânicos iriam publicar seu trabalho. E eles não só a publicariam um ano após a abolição da escravidão na Inglaterra, mas também a usariam (junto com o panfleto de Rush) para condenar a escravidão estadunidense. Deixa eu explicar por que isso era uma grande sacada. É basicamente como quando sua mãe diz que ela "não está brava, mas *desapontada*". Lembrem, os Estados Unidos foram inventados por um bando de europeus, especificamente britânicos. Eles ainda possuíam os Estados Unidos. Era sua casa longe de casa (tipo, uma *Nova* Inglaterra). A desaprovação britânica pressionava o sistema escravocrata estadunidense, que era o sistema econômico local; para que os estadunidenses se sentissem confortáveis em continuar com a escravidão eles tinham que se livrar, se libertar, da Grã-Bretanha de uma vez por todas.

6

Intervalo

Uma breve recapitulação das ideias racistas (que falamos até aqui):

1. Os africanos são selvagens porque a África é quente, e o clima extremo os fez ser assim.

2. Os africanos são selvagens porque foram amaldiçoados por causa de Cam, segundo a Bíblia.

3. Os africanos são selvagens porque foram criados como uma espécie totalmente diferente.

4. Os africanos são selvagens porque há uma hierarquia humana natural e eles estão no fim da fila.

5. Os africanos são selvagens porque escuro significa burro e mal, enquanto claro significa inteligente e... branco.

6. Os africanos são selvagens porque a escravidão os fez ser assim.

7. Os africanos são selvagens.

Nota: Vocês vão ver essas ideias se repetindo várias vezes no decorrer deste livro. Mas esse não é um bom motivo para parar de ler. Então... nem tenta.

7

Volta do intervalo

Os africanos não são selvagens.

8

Notas de Jefferson

Eu sei que vocês já sabem de tudo isto, mas às vezes é importante colocar as coisas em contexto para que elas realmente façam sentido.

A Grã-Bretanha deu um fim à escravidão (pelo menos na Inglaterra, mas não nas colônias britânicas).

Os Estados Unidos se recusaram a fazer isso.

A Grã-Bretanha achou os Estados Unidos... burros.

Os Estados Unidos disseram: "Grã-Bretanha, isso não é da sua conta."

A Grã-Bretanha disse: "Vocês estão nas *minhas* contas, Estados Unidos."

Os Estados Unidos disseram: "Bem, nós podemos mudar isso."

E, em 1776, antes que qualquer um pudesse soletrar N-Ó-S Q-U-E-R-E-M-O-S E-S-C-R-A-V-I-D-Ã-O, Thomas Jefferson, que na época, aos 33 anos, era um delegado do Segundo Congresso Continental, se sentou para escrever a Declaração da Independência. No início da declaração, ele parafraseou a Constituição da Virgínia (cada um dos estados tinha uma) e escreveu: "Todos os homens são criados iguais."

Não faz mal repetir. Todos os homens são criados iguais.

Digam comigo: Todos os homens são criados iguais.

Mas os escravizados eram vistos como "homens"? E as mulheres?

E o que significava o fato de Jefferson, um homem que possuía quase duzentos escravizados, estar escrevendo um documento que libertaria os Estados Unidos? Ele estava falando de uma liberdade universal ou só de libertar o país da Inglaterra? Enquanto essas perguntas pairavam no ar, os escravizados estavam resolvendo a situação por si mesmos. Milhares estavam fugindo de *plantations* por todo o Sul do país. Essas pessoas queriam liberdade, e adivinha quem eram os culpados? Espera, acima de tudo, adivinha quem *deveriam* ser os culpados? Os senhores de escravos, obviamente. Mas Thomas Jefferson e outros senhores de escravos culpavam a Grã-Bretanha por inspirar esse tipo de rebelião. Ele descreveu na declaração todas as formas pelas quais a Grã-Bretanha abusava dos Estados Unidos, até mesmo declarando que os britânicos, embora argumentassem contra a escravidão, queriam, na verdade, escravizar a população (branca) dos Estados Unidos. Mas lembrem que Jefferson concordava com a escravidão apenas enquanto um sistema econômico. Quer dizer, ele cresceu com "amigos negros", pelo amor de Deus. Então ele também escreveu na declaração o sentimento antirracista de que a escravidão era uma "guerra cruel contra a natureza humana", mas essa parte, e também outras do tipo, foram excluídas por outros delegados mais influentes.

Durante os cinco anos seguintes, os estadunidenses e os britânicos lutaram a Guerra da Independência. E enquanto os soldados britânicos atacavam a costa da Virgínia à procura de Jefferson, ele estava escondido com a família, escrevendo. Imaginem só. O homem que escreveu o documento que estourou a guerra estava escondido. Como minha mãe diz: "Não faça besteira e saia de fininho." Jefferson definitivamente saiu de fininho. Mas ele daria as caras logo depois, porque, enquanto estava se escondendo, ele decidiu responder a uma série de perguntas, por escrito, de um diplomata francês que estava basicamente coletando informações sobre os Estados Unidos (porque o país estava se tornando os *ESTADOS UNIDOS DA AMÉRICA!*). E, em vez de simplesmente responder às perguntas, Jefferson decidiu mostrar toda sua força. E contar sua verdade.

Para seu livro de respostas, ele deu o nome de *Notes on the State of Virginia* [Notas sôbre o estado da Virgínia]. E, nele, expressou o que realmente pensava sobre os negros. Eita. Ele disse que negros não poderiam jamais ser assimilados porque eram inferiores por natureza. Eita. Disse que amavam mais, mas sentiam menos dor. Eita. Que não pensavam e operavam apenas pelo instinto. Nossa. Que a libertação dos escravos resultaria no extermínio de uma das raças, ou seja, numa guerra racial. *Eita*. E que a resposta para "o problema" dos escravizados seria mandá-los de volta para a África. Que bom para os "amigos negros" dele, hein? Aquelas pessoas que, ele sabia, eram excelentes ferreiras, sapateiras, pedreiras, tanoeiras, carpinteiras, engenheiras, produtoras, artesãs, musicistas, fazendeiras, parteiras, médicas, supervisoras, governantas, cozinheiras e tradutoras bi e trilíngues — todos as pessoas que trabalharam e construíram sua *plantation* na Virgínia e muitas outras quase totalmente autossuficientes.

Mas que coisa, não?

Ah, e a melhor parte: Jefferson não queria publicar essas notas abertamente, mas um tipógrafo desonesto fez isso sem a permissão dele. *Mas que coisa, não?*

Quando se tratava de negros, a vida inteira de Jefferson era uma grande contradição, como se ele estivesse lutando entre o que sabia ser verdade e o que *supostamente* era verdade. Em 1784, Jefferson se mudou para Paris. Sua esposa tinha falecido e seu velho palácio Monticello de repente pareceu muito solitário. Ele estava exaurido pelo luto e cansado de ser perseguido durante tantos anos pelos britânicos. Então Jefferson fez o que, ao que parece, ele sempre fazia em momentos de crise. Fugiu. Para a França. Assim que fez contato com o ministro do exterior francês, ele escreveu para seus escravizados e disse para eles acelerarem a produção de tabaco na esperança de que os mercadores franceses pudessem pagar os credores britânicos. De um lado, Jefferson estava mandando seus escravizados trabalharem mais ainda, e de outro, dizia aos abolicionistas que não havia no mundo nada que ele quisesse mais do que acabar com a escravidão.

E enquanto ele se ocupava em bancar o mocinho, estimulando, defendendo e assegurando que os franceses soubessem que os Estados Unidos estava se tornando os *ESTADOS UNIDOS DA AMÉRICA*! (e passando uma ótima temporada na França), em seu país estava havendo uma convenção na Filadélfia onde seria discutida uma nova constituição.

Acontece que a declaração de Jefferson resultou em anos de um conflito violento com os britânicos, mas o mais importante foi que essa declaração expôs um governo estadunidense fraco. Então, essa constituição serviria para moldar e solidificar esse governo. Porém, antes de ser gravada em pedra, seria necessário estabelecer uma série de compromissos.

1. O GRANDE COMPROMISSO:

Este criou a câmara e o senado. Dois senadores por estado. Câmara dos Representantes [algo equivalente à Câmara dos Deputados no Brasil] de acordo com a população. Quanto maior a população, mais representantes cada estado poderia ter para lutar por seus interesses. E isso causou alguns problemas, especificamente entre os estados do Sul e do Norte, pois eles não sabiam muito bem como contabilizar os escravos. O que nos leva ao

2. COMPROMISSO DOS TRÊS QUINTOS:

O Sul queria brincar nos dois lados da cerca. Por um lado, não queria contar os escravizados como pessoas, mas como propriedades, pois quanto maior a população, mais impostos. *Mas*, por outro lado, precisava de mais população porque, quanto maior a população, mais representação, e mais representação significava mais poder. E o Norte estava tipo "NA NA NI NA NÃO! Escravizados não podem ser humanos", e isso porque o Norte não tinha (tantos) escravizados e, portanto, não poderia arriscar que o Sul tivesse mais poder. Então o compromisso foi criar uma fração. Cada cinco escravizados equivaliam a três humanos. Então, fazendo as contas, era como dizer que se houvesse quinze escravizados na sala, eles equivaleriam a apenas nove pessoas no papel.

Essa equação dos três quintos de uma pessoa funcionou tanto para os assimilacionistas quanto para os segregacionistas porque encaixou perfeitamente no argumento de que os escravizados eram tanto humanos *quanto* sub-humanos, com o qual ambos os grupos concordavam. Para os assimilacionistas, a regra dos três quintos permitia que eles argumentassem que um dia os escravos poderiam ser capazes de alcançar os cinco quintos. Completude. Branquitude. Um dia. E para os segregacionistas, a regra provou que os escravizados eram matematicamente miseráveis. Segregacionistas e assimilacionistas podiam ter intenções diferentes, mas ambos concordavam que as pessoas negras eram inferiores. E esse acordo, esse vínculo, permitiu que a escravidão e as ideias racistas fossem permanentemente carimbadas no documento de fundação dos Estados Unidos da América.

Enquanto tudo isso acontecia, Jefferson estava na França relaxando. Quer dizer, até que a Revolução Francesa eclodiu. Primeiro, ele nem se importou com a agitação francesa. Muito pelo contrário, ele ficou feliz em saber que os Estados Unidos não eram o único país em guerra. Mas então a coisa se estendeu até o Haiti. E isso sim era um problema. Um *grande* problema.

Em agosto de 1791, perto de meio milhão de africanos escravizados se revoltaram contra o governo francês no Haiti. Foi uma revolta como ninguém jamais tinha visto. Uma revolta que os africanos no Haiti *ganharam*. E, por causa dessa vitória, o Haiti se tornaria o símbolo de liberdade do Hemisfério Ocidental. Ao invés dos Estados Unidos. E o que tornava isso assustador para cada um dos senhores de escravos estadunidenses, incluindo Thomas Jefferson, era que eles sabiam que a Revolução Haitiana inspiraria seus escravos a revidar também.

9

Persuasão pela ascensão racial

Este é um capítulo curto.

Imaginem este capítulo como um parêntese, um *só para vocês saberem*.

Pessoas negras — escravizadas — começaram a se libertar. Fugitivas. E os abolicionistas encorajavam as pessoas recém-libertas a ir regularmente à igreja, a aprender a falar "adequadamente", a aprender matemática, a se profissionalizar, a se casar, a ficar longe de vícios (fumo e bebida), basicamente viver o que eles considerariam como vidas respeitáveis. Ou viver como as pessoas brancas. Caso se comportassem "admiravelmente", os negros poderiam provar que todos os estereótipos sobre eles estavam errados.

Esta estratégia foi chamada de persuasão pela ascensão racial. E era um lance racista, pois passava a ideia de que negros não seriam aceitos por ser quem eram e que tinham de se encaixar em algum tipo de molde branco para merecer sua liberdade. Mas nos anos 1790 a persuasão pela ascensão racial estava funcionando. Ou pelo menos parecia estar.

É importante que vocês guardem isso na cabeça porque esta estratégia se tornaria o pilar do pensamento assimilacionista, que basicamente dizia:

Seja uma pessoa menor,

seja inofensivo,

seja uma pessoa comum na multidão,

seja cauteloso,

seja uma pessoa silenciosa

para fazer as pessoas brancas se sentirem confortáveis com a sua existência.

10

O grande do contra

Acadêmico. Assimilacionista. Senhor de escravos. Um homem com a vida ganha. Autor. Secretário de Estado. Vice-presidente. Mas antes de Thomas Jefferson receber o cargo de presidente, suas ideias racistas conquistaram o primeiro lugar nas mentes de muitas pessoas brancas. Especialmente quando os escravizados, muitos ainda inspirados pela Revolução Haitiana, continuavam a tentar insurreições.

Como Gabriel e Nancy Prosser. Os Prosser estavam planejando uma revolta de escravos e recrutando centenas de pessoas escravizadas na Virgínia. Eles tinham tudo esquematizado. E a ideia era fazer um lance épico. Centenas de cativos marchariam em Richmond, onde roubariam 4 mil mosquetes que estavam dando sopa, prenderiam o governador e tomariam a cidade até que outros escravizados chegassem dos condados nos arredores para negociar o fim da escravidão e o estabelecimento de direitos iguais. Aliados seriam recrutados entre os brancos pobres da Virgínia e os nativos americanos. A vida de metodistas, quakers e franceses aliados deveria seria poupada. Mas os racistas negros seriam mortos. Os Prosser consideravam que antirracistas de qualquer cor eram mais necessários, mais importantes para sua libertação, do que os negros assimilacionistas. E essa teoria seria provada quando a revolta — e seus disfarces — foram descobertos.

A revolta estava agendada para o dia 30 de agosto de 1800, um sábado. Mas dois escravizados cínicos — caguetas —, para cair nas graças de seu senhor, traíram aquela que teria sido a maior revolta de escravizados da história da América do Norte, com algo em torno de 50 mil rebeldes vindos de lugares tão longínquos como Norfolk, na Virgínia. Foi o que bastou para que o governador James Monroe colocasse uma milícia à espera. No fim, Gabriel Prosser foi capturado e enforcado. Fim de jogo.

Bem, não completamente. Foi mais como uma virada de jogo.

A tentativa (falha) de revolta deixou os senhores de escravos nervosos. Como não poderia deixar de ser. Então, do solo da escravidão, brotaram novas ideias racistas para proteger as vidas brancas. Mandar os escravizados "de volta" para a África e para o Caribe — a ideia colonizadora de Thomas Jefferson — foi uma delas.

Muita gente apoiou a estratégia de colonização, incluindo (eventualmente) um delegado da Virgínia, Charles Fenton Mercer, e um clérigo antiescravidão, Robert Finley. Finley investiria na ideia da colonização. Ele fundou uma organização chamada American Colonization Society [Sociedade Americana de Colonização] (ACS) e escreveu seu manifesto, resumindo como os negros libertos precisariam ser adestrados a cuidar deles mesmos para que pudessem voltar para a África e cuidar de sua pátria. Dar um jeito lá. Civilizar. Mas quando tudo isso foi proposto para libertar as pessoas negras, elas não foram a favor. Não aceitaram. Os negros não queriam "voltar" para um lugar que nunca conheceram. Eles tinham construído os Estados Unidos como escravizados e queriam colher os frutos do seu trabalho como pessoas livres.

Os Estados Unidos eram sua terra agora.

E foi nesse debate, todo esse papo do que fazer com pessoas negras escravizadas e livres, que Thomas Jefferson se meteu quando virou presidente em 1801. E sua resposta para o rebuliço foi que era necessária a implementação de uma política que, ele pensava, realmente iniciaria o processo de abolição e, por fim, conduziria à colonização.

Espera. Mas ele tinha escravos.

Espera. Então ele queria acabar com a escravidão, mas não queria libertar seus escravos?

Espera. Ele era pró-escravidão *e* antiescravidão?

Contradição. Poderia ter sido o sobrenome dele. Thomas *Contradição* Jefferson. E isso foi comprovado em 1807 quando, enquanto presidente, ele encabeçou uma nova lei de tráfico de escravos. Os objetivos eram parar a importação para os Estados Unidos de pessoas da África e do Caribe e multar os traficantes ilegais de escravos. (*Sim!*) Por outro lado, a lei provou ser uma porcaria e não fez nada para acabar com a escravidão doméstica ou com o tráfico internacional de escravos. (*Não!*) Crianças ainda estavam sendo tiradas de seus pais e navios negreiros estavam vendendo escravos "rio abaixo", da Virgínia até Nova Orleans, o que levava tantos dias quanto a viagem para cruzar o Atlântico. (*Nãooo!*) E Jefferson, o homem que assinou essa lei contra o comércio transatlântico de escravos, chamada Transatlantic Slave Trade Act, começou a "acasalar" pessoas escravizadas. (*NÃO!*) Ele e outros senhores de escravos que seguiam seu pensamento começaram a forçar seus escravizados a conceber crianças para que eles, os donos, pudessem dar conta de todas as demandas agrícolas sulistas. Escravizados eram tratados como fábricas humanas, dando à luz a máquinas agrícolas. Tratores com batimentos cardíacos. Escavadeiras que sangram.

CONTRADIÇÃO.

Mas no fim de seu mandato presidencial, Jefferson estava esgotado. De tudo. E de verdade agora. Definitivamente. Ele estava pronto para se afastar de tudo, de toda a bagunça e loucura de Washington, e voltar para sua casa na Virgínia, onde poderia ler, escrever e pensar. O seu *Notes on the State of Virginia* teria sido um best-seller se existissem best-sellers na época, e nesse ponto de sua vida, ele queria até acabar com a fama que o livro tinha trazido para ele.

Jefferson parecia estar mudando de rumo agora. Ou pelo menos estava tentando. Ele se desculpou pela escravidão... PAUSA.

Ele se desculpou pela escravidão.

VOLTA. Ele se aposentou e voltou para Monticello para poder... cuidar de sua *plantation*... PAUSA.

Para cuidar de sua *plantation*?

VOLTA. Ele demonstrou sentir remorso pela escravidão, mas ainda precisava do trabalho dos escravizados para cobrir suas dívidas e pagar por seus luxos. E ainda por cima, embora tenha se cansado da luta antiescravidão (que também era pró-escravidão no caso dele), ele ainda insistia incansavelmente em defender a ideia de mandar negros de volta para a África.

E se não para a África, para a Louisiana.

Jefferson tinha comprado o Território da Louisiana dos franceses no início de sua presidência. Ele queria que o lugar fosse o paraíso das pessoas escravizadas libertas. A ideia era que o lugar fosse tipo uma bolha (leia-se: *jaula*) para negros, um lugar onde pudessem estar seguros e onde os brancos pudessem estar garantidos de sua resposta em potencial a, sei lá, todo o lance da escravidão. Colonização dentro do país, que era como se negros tivessem sido banidos para o porão da casa que eles construíram com a premissa de que isso era melhor que morar na rua. Mas o Território da Louisiana ficou abalado quando a questão do Missouri entrou em jogo.

Lembrem que o mapa que vocês conhecem dos Estados Unidos não é o mapa que eles usavam. Os cinquenta estados ainda não existiam. Então, a Louisiana, ou como era conhecida então, o Território da Louisiana, ocupava toda a região central do país. E se estendia do norte ao sul. Não era aquela "bota" que conhecemos hoje. Trombones e feijão com arroz? Não.

A parte norte dessa faixa de terra da Louisiana foi repartida e virou o Território do Missouri. Sua localização — a parte do Missouri — acabou ficando bem no meio do país, o que criou um enigma geográfico: o Missouri seria considerado um estado escravocrata ou um estado livre?

64

Bem, a resposta é que havia sido aprovado um projeto de lei que admitia o Missouri como parte da *União* (o Norte) enquanto um estado *escravocrata*. E um homem chamado James Tallmadge Jr. incluiu uma emenda nesse projeto que tornaria ilegal a entrada de africanos escravizados nesse novo estado e determinava que todas as crianças nascidas de escravizados *dentro* do estado seriam libertas quando completassem 25 anos. A emenda Tallmadge acendeu um debate explosivo que queimou durante dois anos. Os sulistas viram essa emenda como uma manobra para limitar o poder político da agricultura sulista e mexer com a grana e influência deles na Câmara dos Representantes, e, portanto, com o seu poder.

Por fim, o debate foi esfriado por outro compromisso. O Compromisso do Missouri de 1820. O Congresso concordou em ir em frente e aceitar o Missouri como um estado escravocrata, mas também admitiram o Maine como um estado livre para garantir que houvesse a mesma quantidade de estados escravocratas e livres, de forma que nenhuma região, ou forma de governar, se sentisse em desvantagem. Equilíbrio. E também para proibir a introdução da escravidão na parte norte do vasto Território da Louisiana de Jefferson, sua terra colonizada experimental. Um experimento que parecia improvável.

Mas Jefferson jamais desistiria dessa ideia, ainda que o tempo estivesse passando e ele, envelhecendo. E embora não apoiasse realmente a American Colonization Society de Finley, ele ainda considerava sua missão bem oportuna, quase como se fosse mandar as pessoas negras para casa depois de uma temporada em um acampamento de verão, de onde voltariam mais espertas e mais fortes, prontas para crescer. Como se essa missão fosse benevolente e talvez até misericordiosa. Thomas *Contradição* Jefferson, que cresceu com *amigos negros*, esperava que tudo fosse se resolver e que a escravidão, no fim das contas, faria "mais bem do que mal".

Pelo menos esse era um lado da moeda. O lado mais liso. O lado mais texturizado das intenções de Jefferson era que ele basicamente acreditava que mandar os negros *de volta para o lugar de onde vieram* faria dos Estados Unidos aquilo que o país sempre foi aos olhos dele — um parquinho para cristãos brancos e ricos. Apesar do fato de que os africanos tinham sido trazidos para o país. Escravizados. Explorados em suas habilidades e conhecimentos de agricultura, em sua força física e criatividade quando o assunto era construir coisas e preparar refeições, privados de sua liberdade reprodutiva, privados de suas religiões e línguas, privados de sua dignidade. O solo do país encharcado de sangue negro, com seu DNA literalmente tecido nas fibras da terra.

Eu me pergunto se os negros pensavam: *E para onde a gente pode mandar vocês? De volta para Europa?* Ou, talvez, em vez de *mandar* essas pessoas para algum lugar, eles estavam era pensando em *acabar* com elas. E não demoraria muito para que Jefferson fizesse essa escolha.

Na primavera de 1826, sua saúde havia piorado a ponto de ele não poder mais sair de casa. No verão, ele não podia nem sair da cama, estava tão doente que não pôde nem comparecer ao quinquagésimo aniversário da Declaração da Independência.

Além das crianças que ele teve com uma de suas escravizadas, Sally Hemings (como você pode verdadeiramente amar seres humanos que possui?), Jefferson não libertou nenhum outro escravizado em Monticello, apesar de sua crença de que a escravidão era moralmente errada, declarando de uma vez por todas o vencedor em sua luta entre o ético e o econômico. Um historiador estima que Jefferson teve mais de seiscentos escravizados no decorrer de sua vida. Em 1826, ele possuía cerca de duzentas pessoas como propriedades e tinha uma dívida de 100 mil dólares (tipo 2,5 milhões hoje), uma quantia tão absurda que ele sabia que, quando morresse, tudo — e todo mundo — seria vendido.

No dia 2 de julho de 1826, Jefferson parecia estar lutando para se manter vivo. O homem de 83 anos despertou antes do amanhecer do dia 4 de julho e chamou por seus criados. Rostos negros escravizados se juntaram ao redor de sua cama. Eles foram, provavelmente, sua última visão deste mundo, e ele lhes disse suas palavras finais. Ele tinha sido ora segregacionista, ora assimilacionista — normalmente as duas coisas de uma vez só —, mas nunca chegou a ser antirracista. Ele sabia que a escravidão era uma coisa errada, mas não errada o bastante para que libertasse os próprios escravos. Desde criança ele sabia que pessoas negras são pessoas, mas nunca as tratou plenamente como tal. Ele as via como "amigas", mas nunca *via* essas pessoas. Ele sabia que viver em liberdade era uma causa justa, mas não nos Estados Unidos. O país construído nas costas daquelas pessoas. Ele sabia que *todos os homens são criados iguais*. O cara escreveu isso. Mas não conseguiu reescrever as próprias ideias racistas. E a ironia nisso tudo era que agora sua vida havia se fechado em um círculo completo. Em sua primeira memória da infância e em seu último momento de lucidez, Thomas Jefferson estava ali — encontrando a morte como um equalizador final — no conforto da escravidão. Cercado por um conforto que aqueles escravizados nunca experimentaram.

PARTE 3

1826 — 1879

11

Comunicação de massa para a emancipação em massa

Eu tinha um amigo. Vamos chamá-lo de Mike. Ele tinha 1,90 de altura e pesava facilmente uns 130 quilos. Um jogador de futebol americano. Eu o vi atropelando pessoas no campo e mandando para a maca os filhos de todos aqueles pais, tudo em nome do orgulho escolar e da vitória esportiva. Eu o vi grunhindo, cuspindo e se batendo como um animal. E nós torcemos por ele. Dissemos seu nome nos comunicados matinais, escrevemos sobre ele no jornal da escola, até organizamos uma coletiva de imprensa escolar quando ele se comprometeu a continuar jogando futebol na faculdade.

Mas muitos de nós torcemos por ele por outros motivos. Porque ele também fazia parte do clube de sapateado. Porque ele interpretou o Papai Noel na apresentação de inverno. Porque ele teve aulas de escrita criativa (comigo) para explorar seu amor pela poesia. Porque ele se posicionava contra os maus-tratos que as jovens sofriam na escola e defendia colegas que sofriam bullying.

Mike nem sempre acertou, mas estava sempre aberto a aprender e nunca tinha medo de tentar.

O abolicionista William Lloyd Garrison era tipo assim — um homem com poderes e privilégios que não tinha medo de tentar. Mas antes de chegarmos nele, temos que falar de uma das maiores séries de coincidências que o levaram a ser uma figura central no debate em torno da raça e do abolicionismo.

COINCIDÊNCIA 1:

Ambos, Thomas Jefferson e John Adams (o presidente número 2, antes de Jefferson), morreram no dia 4 de julho de 1826, no quinquagésimo aniversário da Declaração da Independência. Em vez de verem essa morte dupla como um sinal de que os velhos costumes estavam fora de moda — literalmente mortos —, as pessoas consideraram suas mortes como um tipo de encorajamento para seguir adiante com os legados deles. Acontece que esses legados eram profundamente entrelaçados à escravidão. Boston alcançou o número de quase 60 mil habitantes e imergiu completamente na revolução industrial da Nova Inglaterra, que agora girava nas rodas do algodão sulista.

COINCIDÊNCIA 2:

Embora o movimento abolicionista revolucionário estivesse praticamente morto, a American Colonization Society de Robert Finley ainda funcionava a todo vapor, tentando mandar escravos libertos de volta para a África e assim estabelecer sua própria colônia. Em 1829, a ACS convidou um agitador de 23 anos chamado William Lloyd Garrison para fazer um discurso no feriado de 4 de Julho. Garrison era o cara. Ele era inteligente, tinha visão e era editor de um jornal quaker abolicionista. Mas a ACS não sabia que Garrison tinha se aproximado mais do abolicionismo, e *não* da colonização. Ele defendia uma abolição gradual — uma liberdade em etapas —, mas a abolição de qualquer forma. E foi sobre isso que ele falou na conferência da ACS, o que, vamos dizer, fugiu das expectativas da marca. Tipo alguém numa conferência da Nike sugerindo que o futuro das boas corridas não eram tênis melhores, mas pés melhores, obrigando a Nike a descobrir como fazer pés melhores!

Garrison não era o único que se sentia dessa forma (sobre a abolição da escravidão, não em relação aos tênis) e não tinha medo de se posicionar contra a colonização. David Walker era outro que pensava assim. Walker era um homem negro que tinha escrito um panfleto, *An Appeal to the Coloured Citizens of the World* [Um apelo aos cidadãos racializados do mundo], que argumentava contra a ideia de que negros tinham sido feitos para servir brancos. O apelo de Walker se espalhou, Garrison leu e, finalmente, os dois se encontraram. Mas antes que eles realmente começassem a detonar com a escravidão, Walker, com apenas 33 anos, morreu de tuberculose.

Garrison foi imensamente influenciado pelas ideias de Walker e as levou adiante, espalhando-as ao fazer o que todo mundo tinha feito antes dele: literatura. Escrita. Linguagem. A única diferença foi que os predecessores de Garrison na propaganda sempre espalharam informações prejudiciais. Pelo menos quando o assunto era os negros. Eles sempre imprimiram veneno, narrativas sobre a inferioridade negra e a superioridade branca. Mas Garrison iria contrariar essa tendência e fundaria um jornal, o *Liberator*. Só o nome já acendeu uma faísca. Esse jornal reintroduziu o movimento abolicionista entre as pessoas brancas. Em seu primeiro editorial, Garrison mudou suas perspectivas, da abolição gradual para a abolição imediata. Quer dizer, ele costumava acreditar que a liberdade era progressiva. Que deveria vir pouco a pouco. Uma caminhada lenta. Agora ele acreditava que a liberdade devia ser instantânea. Liberdade já. Imediatamente. Quebrar as correntes. Ponto final. Mas (porque tem sempre um *mas*) *igualdade* imediata, bem... isso era outra história e, de acordo com Garrison, deveria vir... em etapas. Gradualmente. Então, liberdade física agora, mas liberdade social... *em algum momento.*

Essa ideia de igualdade gradual foi baseada nos mesmos princípios que a persuasão pela ascensão. Negros eram considerados assustadores e era sua responsabilidade convencer os brancos de que não eram assim. Pelo menos, era nisso que Garrison acreditava. Mas essa ideia foi desafiada por um homem que discordava não apenas da igualdade gradual, mas também de que os negros precisavam ser salvos pelos brancos ou de que eles — os negros — eram parte do problema. Seu nome era Nat Turner. Ele era um escravizado e um pregador, e, assim como os senhores de escravos antes da era Iluminista acreditavam que a escravidão era uma missão sagrada, Turner acreditava que o mesmo se dava com a liberdade. Que ele tinha sido chamado por Deus para planejar e executar uma enorme cruzada, uma revolta que libertaria os escravos, em cujo processo os senhores de escravos, suas esposas e até seus filhos seriam massacrados. Tudo em nome da libertação. E foi o que aconteceu. Houve muito derramamento de sangue no estado da Virgínia até que Turner acabou sendo capturado e enforcado.

Mais uma vez os senhores de escravos ficaram com medo. E pesaram a mão.

Garrison contrapôs a força dos senhores de escravos com uma força própria. Ele escreveu um livro que contestava os colonialistas e deu origem a um novo grupo chamado American Anti-Slavery Society [Sociedade Antiescravagista Americana] (AASS), um grupo de abolicionistas. No encontro anual da AASS em maio de 1835, seus membros decidiram apostar na nova tecnologia de impressão em massa e em um serviço de postagem eficiente para abarrotar a nação de panfletos, uns 20 a 50 mil por semana. Garrison começou a inundar o mercado com pensamentos abolicionistas novos e melhorados. As redes sociais antes das redes sociais. E os senhores de escravos não faziam ideia do que estava por vir: 1 milhão de panfletos antiescravagistas seriam distribuídos até o fim daquele ano.

12

Pai Tomás

Com tantas ideias antiescravagistas se espalhando por aí, as pessoas — principalmente políticos e acadêmicos brancos — pró-escravidão ficaram com mais medo e ódio, e logo acabaram ampliando suas ridículas ideias racistas. Ainda tinha gente pregando que a escravidão era uma coisa boa, que era a vontade de Deus. Que a igualdade racial era impossível porque as espécies eram diferentes. Sim, essas pessoas ainda estavam presas no poligenismo, mas agora essa teoria era apoiada pela "ciência". Um cientista, Samuel Morton, o pai da antropologia estadunidense, estava medindo crânios humanos (eca) na época e determinou que brancos tinham crânios maiores e, portanto, maior capacidade intelectual — a propósito, é assim que eu sempre me defendo quando dizem que eu tenho uma cabeça grande. *É isso aí, eu tenho um cérebro enorme.* Nunca soube que eu era um cientista!

E também não sabia que eu era... louco. Não sou. Mas se estivesse vivo e livre naquela época, haveria uma boa chance de eu ter sido taxado assim. No censo estadunidense de 1840, constava que negros livres eram loucos e que os escravizados eram sãos, e que os birraciais tinham uma expectativa de vida menor que os brancos. Obviamente isso não era verdade. Os registros estavam sendo manipulados.

E por falar em registro, no livro de Samuel Morton, *Crania Aegyptiaca*, ele também introduziu a narrativa de que, historicamente, houve um Egito "branco" que tinha escravos negros. Quem poderia imaginar? (A resposta é: ninguém. Nem mesmo os egípcios.) As propagandas continuaram chegando. Qualquer coisa para justificar a supremacia e a escravidão.

E se uma literatura incoerente e "estudos" falsos eram os batidões do racismo — com os sampleados repetindo e repetindo —, então John C. Calhoun, um senador da Carolina do Sul, era o MC (mestre de cerimônias) da escravidão — muito bom por sinal — que estava ali para agitar o baile racista. Calhoun estava brigando inclusive para que o Texas se tornasse um estado escravocrata nas eleições de 1844. Ele concorria ao governo e estava furioso porque os congressistas estavam debatendo a emancipação. Será que para acabar com a escravidão? Um ultraje! Calhoun eventualmente abandonou a corrida para o governo, o que foi bom porque William Lloyd Garrison estava prestes a revelar uma arma secreta para o movimento abolicionista.

Vejam, uma coisa é falar *sobre* a escravidão. Falar sobre como as pessoas escravizadas viviam, sobre o que pensavam e como levavam a vida. E outra coisa é ouvir um homem que *foi* escravizado contar a própria história. Mais um negro "especial" entra em cena. Mais um negro em exposição. Como Phillis Wheatley, mas sem a necessidade de um editor agora. Garrison estava ali para isso.

O nome desse homem era Frederick Douglass.

Em junho de 1845, *A jornada de um escravo fugitivo: história real da vida de Frederick Douglass* foi publicado. O livro resumiu a vida de Douglass e forneceu um relato em primeira mão dos horrores da escravidão. Foi um sucesso, e uma arma necessária, que serviu para mais uma vez combater a ideia que gente como Zurara e Cotton Mather tanto trabalhou para retratar, de que os negros eram pessoas abaixo da média enquanto os brancos eram cristãos benevolentes. A ideia também foi ganhar alguma simpatia dos brancos. Mas Douglass era um escravizado fugitivo que tinha um livro sobre ser um escravizado fugitivo, o que basicamente significa que ele mesmo se dedurou e teve que fugir para um lugar mais longe ainda. Então, ele foi para a Grã-Bretanha e espalhou sua mensagem antiescravagista lá, enquanto nos Estados Unidos os políticos pró-escravidão — agora com o Texas como um estado escravocrata — pressionavam para expandir ainda mais, para o oeste.

A narrativa de Douglass não foi a única (e existe isso de uma coisa única?). De fato, seu relato acendeu a fagulha de muitos outros, incluindo um sobre uma mulher escravizada — *The Narrative of Sojourner Truth* [A narrativa de Sojourner Truth]. Até sua publicação, as mulheres tinham sido deixadas de fora da conversa sobre a escravidão. Como se elas não fossem escravizadas. Ou como se elas não fossem senhoras de escravos. Sojourner Truth era uma ex- -escravizada com a ousadia de uma senhora de escravos. O tipo de mulher que se levantaria em uma sala cheia de gente branca para declarar sua humanidade. Ela era corajosa e essa coragem, além das notícias que chegavam sobre o Fugitive Slave Act [Lei do Escravo Fugitivo], que estava capturando negros libertos e levando-os para as plantações de algodão, inspiraram uma escritora branca a escrever um livro muito, muito maior que o de Truth ou o de Douglass.

O livro foi chamado de *A cabana do pai Tomás*.

E a autora, Harriet Beecher Stowe.

NOTAS SOBRE A CABANA DO PAI TOMÁS:
1. Tomás, um escravizado, é vendido.
2. Ele conhece uma menina branca, Eva.
3. O pai de Eva compra Tomás.
4. Tomás e Eva se tornam amigos, conectados pelo cristianismo.
5. Eva morre dois anos depois, mas não sem antes ter uma visão do paraíso.
6. Depois de sua morte, as pessoas brancas decidem mudar seus costumes racistas.
7. O pai de Eva promete libertar Tomás.
8. O pai de Eva morre antes de libertar Tomás e a mãe de Eva vende Tomás para um senhor de escravos mais cruel.

9. Esse senhor de escravos (Simon Legree) odeia Tomás porque ele se recusou a açoitar um companheiro
   escravizado.
10. Legree tenta atingir Tomás ao pôr sua fé à prova.
    Mas Tomás se agarra fortemente ao cristianismo.
    Então, Legree manda matá-lo.

Moral da história: todos nós devemos ser escravos... de Deus. E uma
vez que os negros dóceis são os melhores escravos (para os homens),
eles são os melhores cristãos. E uma vez que os brancos dominadores
são os piores escravos, eles são os piores cristãos. Então, a escravidão,
embora um ataque brutal à humanidade negra, foi, na verdade, só
uma prova de que as pessoas brancas eram péssimas fiéis.

Eu sei. Mas, ei, isso nem precisava fazer muito sentido. Apesar
das críticas de gigantes intelectuais como William Lloyd Garrison,
que apontou no *Liberator* o preconceito religioso do livro e o apoio
à colonização de Stowe, e Frederick Douglass — de um ponto de
vista assimilacionista —, que seguiu afirmando aos brancos que
os negros, ao contrário dos ameríndios, *amavam* a civilização e,
portanto, jamais voltariam para a África (como se a África fosse
selvagem), *A cabana do pai Tomás* foi um estouro e se tornou o maior
livro de sua época. Harriet Beecher Stowe foi uma J. K. Rowling dos
livros sobre escravidão. E mesmo que os homens negros odiassem
o romance por serem retratados como pessoas fracas nele, a história
de Stowe atraiu mais nortistas para o movimento abolicionista do
que os escritos e discursos de Garrison e Douglass nos anos 1850. E
esse não era um feito pequeno. Garrison usou o *Liberator* como uma
base antirracista consistente, e Douglass argumentou corajosamente
contra o poligenismo e provou que não existiam egípcios brancos,
o que fez dele o negro abolicionista *e* assimilacionista mais famoso
do mundo. Mas as mulheres apoiavam Stowe. Elas estavam prontas
para lutar por seus direitos e botar fogo no país.

Stowe foi a gasolina delas.

E seu romance foi uma bomba-relógio que ficou no tique-taque e, quando explodiu, preparou o terreno para uma nova força política, especialmente no que dizia respeito aos debates em torno da escravidão: Abraham Lincoln.

13

Abe, o complicado

Quando pensamos em Abraham Lincoln, pensamos em Abe, o Honesto, de terno preto, camisa branca, cartola, barba. O Grande Emancipador (hmmm), um dos melhores, ou pelo menos um dos mais conhecidos e amados, presidentes da história dos Estados Unidos.

É isso que nos ensinam.

Mas Lincoln não era assim tão fácil. Como eu disse no início desta jornada, a vida raramente cabe em caixinhas. As pessoas são complicadas, egoístas e contraditórias. Quer dizer, se aprendemos alguma coisa com Thomas Jefferson, é que você pode ser antiescravidão, mas não antirracista. Você pode não enxergar negros como pessoas, mas sabe que maltratá-las e escravizá-las é ruim para os negócios. Pega mal para a sua marca. Acaba com suas oportunidades. E tudo isso está mais de acordo com o sujeito que Lincoln era.

É, eu sei. E isso significa que teríamos que, talvez, repensar toda aquela coisa de "Abe, o Honesto".

De qualquer forma, nem é um apelido tão bacana.

E, para começar, ele nem foi um político tão bom assim. Antes de ganhar, ele perdeu. Um homem chamado Stephen Douglas deu uma surra nele em uma eleição para o Senado em 1858. Douglas era pró-escravidão. Lincoln estava lutando pelo movimento abolicionista

— porque não dá para ganhar se não tivermos uma visão contrária para combater —, ao lado dos membros do Free Soil Party [Partido Solo Livre], que acreditavam que a escravidão não deveria continuar se espalhando para o oeste. Os dois homens debateram e Douglas, com uma boa lábia e na maior elegância, esfregou a cara de Lincoln no chão daquele plenário racista e ganhou a eleição.

Mas essa derrota não foi em vão. Embora Lincoln tenha perdido, houve uma notável mudança de opinião no país. Uma transformação. Lincoln aproveitou o momento e começou a pregar que a escravidão precisava acabar — e não por causa de seus horrores. Mas por que, se o trabalho não fosse remunerado, o que exatamente as pessoas brancas e pobres fariam para ganhar dinheiro? Tipo, se você não fosse um branco rico e senhor de escravos, a escravidão não necessariamente funcionava a seu favor. Lincoln estava defendendo... *três* lados.

Por um lado, ele queria o fim da escravidão. Os negros curtiram isso. Por outro lado, ele não pensava que negros deveriam necessariamente ter direitos iguais. Os racistas adoraram isso. E então, de um terceiro lado (em cima do muro, talvez?), ele argumentava que o fim da escravidão sustentaria a economia das pessoas brancas e pobres, algo que as pessoas brancas e pobres amaram. Lincoln criou uma situação hermética em que ninguém podia confiar nele (Garrison *definitivamente* não confiava), mas de alguma forma todo mundo... queria confiar. E quando Lincoln perdeu, ele ainda assim chamou bastante atenção porque seu partido, o Partido Republicano, levou muitos dos assentos na Câmara nos estados antiescravocratas. Tanto que Garrison, embora um crítico de Lincoln, guardou suas críticas para si porque viu um futuro onde talvez — *talvez* — os políticos antiescravocratas pudessem assumir o poder.

Mas, como sempre, era uma questão política para Lincoln. Uma vez que ele assumiu um posicionamento antiescravocrata contra Stephen Douglas, os republicanos foram rotulados de "republicanos negros", o que obviamente era o pior rótulo possível. Ainda havia racistas no Norte. Ainda havia racistas por toda parte. E por que os racistas iriam querer votar em um partido que "apoiava" negros?

Então, Lincoln mudou o tom. Ou talvez ele só tenha cantado a música *inteira* durante sua eleição para presidente.

Lincoln era contra o direito de voto dos negros.

Lincoln era contra a *igualdade* racial.

Lincoln e seu partido prometeram *não* desafiar a escravidão no Sul.

E Lincoln ganhou.

Mas quando o décimo sexto presidente dos Estados Unidos ocupou o cargo, os senhores de escravos mais desconfiados entraram em pânico. Tinham medo de que a instituição econômica que garantia que eles vivessem como reis fosse colocada em perigo. Medo de serem derrubados por não conseguir deter as revoltas de escravos (Haiti! Haiti!). Então, eles fizeram o que a maioria das pessoas... bem, o que a maioria dos valentões fazem quando perdem no jogo. Eles — o Sul — pegaram sua bola e vazaram.

A *secessão*, que significa deixar de fazer parte de alguma coisa e que não pode ser confundida com *sucessão*, que diz respeito a uma linhagem de pessoas que exercem uma mesma função (tipo uma linhagem de senhores de escravos) e que não pode ser confundida com *sucesso*, que significa ganhar alguma coisa (porque isso não aconteceu), começou com a Carolina do Sul. Esse estado se separou da União. O que significa que as pessoas de lá estavam criando o próprio território, onde poderiam fazer as próprias regras e viver suas vidinhas racistas como bem entendessem. Logo depois, o restante do Sul se juntou à separação. E isso era uma coisa grave porque perder toda uma região significava que os outros estados perderiam os recursos dessa região. Toda aquela terra. Aquelas plantações. Aquelas pessoas. Aquela riqueza. Mas foi isso o que aconteceu, e os separatistas se batizaram de Confederação. Eles elegeram seu próprio presidente, Jefferson Davis, que declarou que negros jamais deveriam ser e nunca seriam iguais aos brancos. Agora havia dois governos, como duas gangues rivais. E o que sempre acontece quando uma gangue sente que seu território está sendo ameaçado?

BRIGA!

Bem-vindos à Guerra Civil.

O principal agente de mudança na guerra foi que os escravizados queriam lutar contra os seus senhores e, portanto, se juntar aos soldados nortistas na batalha. Eles queriam ter a chance de lutar contra aquilo que estava acabando com eles, violentando, matando. Então, na primeira chance, eles fugiram. Eles fugiram, fugiram e fugiram aos montes. Eles fugiram para o norte, para entrar na União e se juntar ao exército da União.

Qualquer coisa em nome da liberdade.

E então eles foram mandados de volta.

Qualquer coisa em nome da escravidão.

Os soldados da União estavam fazendo cumprir o Fugitive Slave Act, que obrigava que todos os fugitivos fossem devolvidos aos seus donos. Era verão de 1861. Mas no verão de 1862, essa lei havia sido revogada e foi aprovado um projeto de lei que declarou como "para sempre livres de servidão" todos os africanos de propriedade dos confederados que fugiram para as fileiras da União ou que residiam nos territórios ocupados pela União. E foi esse projeto de lei que se transformaria em um projeto ainda mais ousado e que foi apresentado por Lincoln apenas cinco dias depois. "Todas as pessoas escravizadas em qualquer estado [sob controle dos rebeldes] devem assim, desta data em diante e para sempre, ser livres."

Simples assim.

Lincoln foi rotulado como o Grande Emancipador, mas na verdade negros estavam emancipando a si mesmos. No fim de 1863, 400 mil escravizados haviam escapado de suas *plantations* para encontrar as fileiras da União. O que quer dizer que 400 mil pessoas encontraram liberdade.

Ou pelo menos uma liberdade em potencial. Porque não vamos fingir que a vida no Norte, a vida além das fileiras da União, era assim tão fácil. A União não era um bastião da paz e da tolerância. A maioria de suas crenças em relação aos negros se assemelhava muito às crenças da Confederação. A única diferença é que o pessoal da União deixou de possuir as pessoas negras um pouco mais cedo. Mas seus sentimentos em relação a elas — que eram preguiçosas e selvagens e blá-blá-blá — eram os mesmos. E além de tudo isso, muitos negros temiam que a liberdade não seria grande coisa sem que tivessem uma terra. De que adiantava ser livre se não tinham para onde ir nem uma forma de construir uma vida por eles mesmos? E o direito ao voto? Essas eram algumas das questões que pairavam naquele momento, alguns dos problemas que Lincoln estava tentando manejar. No entanto, o que o deixava confortável era a forma como negros o aplaudiam. Eles corriam até ele na rua, se ajoelhavam e beijavam suas mãos. E quando a Guerra Civil finalmente terminou em abril de 1865, no dia 11 desse mesmo mês, Lincoln pronunciou seus planos para a Reconstrução. E nesse dia ele disse o que nenhum presidente havia dito antes, que negros (os inteligentes) deveriam ter o direito de votar.

Não é de surpreender que três dias depois ele tenha levado um tiro na nuca.

14

A última jogada de Garrison

As coisas são feitas tão rápido quanto são destruídas.

Três semanas depois da morte de Lincoln, William Lloyd Garrison, que seguiu firme em sua jornada antirracista — produzindo literatura antirracista em seu *Liberator*, incluindo suas críticas às manobras políticas racistas de Lincoln, e trabalhando para a American Anti-Slavery Society —, desistiu. Ele anunciou sua aposentadoria. Garrison acreditava que, com a iminência da emancipação, seu trabalho como abolicionista tinha acabado. Mas seu time, seus seguidores, se recusaram a interromper seu trabalho e, em vez de parar, mudaram seu foco para o direito de voto dos negros. Um foco que se encaminhou em direção à igualdade imediata. E enquanto Garrison tentava se retirar educadamente, o sucessor de Lincoln entrava com tudo. E fazia cair por terra aquilo que, para os negros, tinha sido um grande avanço.

Seu nome era Andrew Johnson, e ele basicamente reverteu um monte de promessas feitas por Lincoln, permitindo que os estados confederados proibissem negros de votar e garantindo que sua emancipação seria mantida apenas se os negros não desrespeitassem as leis. Os códigos negros — códigos sociais empregados para impedir que negros vivessem livremente — foram criados. E rapidamente eles evoluiriam para as leis Jim Crow, que legalizaram a segregação racial. As brechas jurídicas nem eram mais necessárias. Estava tudo sendo feito sob o comando do presidente Johnson. Ele incentivou a Ku Klux Klan, permitindo que eles arruinassem vidas negras sem nenhuma consequência para preservar esses códigos e leis racistas. Acabou que a liberdade nos Estados Unidos virou uma areia movediça. Parecia sólida até que um negro tentasse andar ali. Então ficava nítido que não passava de um buraco.

Os antirracistas estavam lutando contra tudo isso. Algumas pessoas, como Thaddeus Stevens, um deputado da Pensilvânia, até lutou pela redistribuição de terras para ceder aos ex-escravizados dezesseis hectares para que eles pudessem trabalhar por conta própria. Mas os argumentos contra essa proposta foram implacáveis e racistas, apresentados de uma forma bem estranha, que fez as pessoas negras libertas parecerem estúpidas. *Como é que eles vão saber cuidar da terra se a terra for simplesmente dada para eles?* Hm... sério?

E adivinha quem ficou na dele? William Lloyd Garrison. Depois de sofrer duas quedas graves em 1866 que o deixaram fisicamente de escanteio, ele escolheu não se engajar na luta política contra a discriminação racial. Mas ele seguiu assistindo a tudo como um espectador, vendo as barricadas racistas sendo erguidas a cada rodada e a violência física e política mandando ver para acabar com a libertação negra. Sim, Garrison seguiu observando, enquanto suas ideias a respeito de uma igualdade gradual continuavam a evoluir. Afinal, foi seu talento, soubesse ele disso ou não, que transformou o abolicionismo, antes um posicionamento político confuso (como o de Jefferson), em um simples posicionamento moral: a escravidão era cruel, os racistas que justificavam ou ignoravam a escravidão eram cruéis, e os Estados Unidos tinham o dever moral de eliminar a crueldade da escravidão.

Bum.

Andrew Johnson estava entre os cruéis. Ele fez o que pôde para manter negros como escravizados "livres". Em resposta, os negros tiveram que lutar para construir as próprias instituições. Os próprios espaços de prosperidade, como faculdades, ou como são chamadas agora: Historically Black Colleges and Universities [Faculdades e Universidades Historicamente Negras] (HBCUs). Delas saíram políticos negros (homens). E eventualmente, no dia 3 de fevereiro de 1870, a Décima Quinta Emenda se tornou oficial. A emenda previa que ninguém poderia ser proibido de votar em decorrência de "raça, cor ou condição prévia de servidão". Mas o lance com essa emenda (assim como com a Décima Terceira e a Décima Quarta emendas)* era que havia brechas. Brechas racistas. *Buracos.* Vejam, a emenda não previa a proteção de políticos negros. Ou que os requisitos para votar seriam iguais.

Ainda assim, os racistas não queriam que a emenda passasse porque eles viam o direito ao voto por parte dos negros como o estabelecimento de algum tipo de supremacia negra. Na verdade, era apenas igualdade. Oportunidade. Pessoas negras de Boston a Richmond e até Vicksburg, no Mississippi, planejaram grandes celebrações após a ratificação. E como seu orador principal, várias comunidades convidaram uma lenda viva a voltar para o palco principal. William Lloyd Garrison.

A Décima Quinta Emenda foi um grande negócio. Mas tem um lance com grandes negócios. Se as pessoas não tomam cuidado, elas podem ser enganadas e levadas a acreditar que um grande negócio é um negócio fechado. Como se não houvesse mais assunto a discutir. Nenhuma razão para continuar insistindo. Como se a liberdade fosse um destino real. E era assim que Garrison e a American Anti-Slavery Society se sentiam. Como se o trabalho deles tivesse acabado. Eles se separaram em 1870. Todo mundo baixou a guarda, enquanto os racistas estavam bem ali dando ganchos e socos de direita na cara da liberdade.

Trazendo à tona o terrorismo branco.

Trazendo à tona mais propagandas sobre negros serem brutos e selvagens.

Trazendo à tona negros dando seu melhor para reagir.

---

* Respectivamente, emenda que aboliu a escravidão e emenda que estabelece um tratamento igualitário perante a lei nos Estados Unidos. [N. T.]

EMPODERAMENTO NEGRO.

Trazendo à tona mulheres revidando.

EMPODERAMENTO FEMININO.

Trazendo à tona pacificadores políticos.

Trazendo à tona mais conversas sobre a colonização, dessa vez da República Dominicana.

Trazendo à tona a migração domestica. Para o Kansas. Libertação de uma segunda escravização.

E foi isso, a mudança de negros para lugares mais seguros como o Kansas, que William Lloyd Garrison apoiou no fim de sua vida. Com negros ansiosos para deixar o Sul, ansiosos para se dar uma chance de viver em segurança, o Kansas parecia fazer mais sentido do que aquela conversa insistente sobre a colonização na África. Ou mesmo o Norte. Ou o Oeste. Aliados nortistas trabalharam incansavelmente para juntar dinheiro para negros sulistas que queriam deixar o Mississippi ou a Louisiana. Garrison, nesse momento com 74 anos, seu coração abolicionista ainda batendo, se exauriu de tanto tentar levantar recursos para centenas de negros em sua mudança para o Kansas.

Era o melhor que ele podia fazer.

Ele queria emancipação imediata. E agora até queria igualdade imediata. Nenhuma dessas coisas aconteceu durante a Reconstrução após a Guerra Civil. E nenhuma aconteceria durante a vida dele.

PARTE 4

1868 — 1963

15

Disputa de gênios negros

Aqui vai um lembrete.

Este não é um livro de história. Mas há nomes nesta história que vocês já viram nos livros de história. Nomes que vocês conhecem. Pelo menos nomes que deveriam conhecer. E tudo bem se vocês não conhecem porque é para isso que este livro de história *não histórico* serve. Mas... eu tenho certeza de que vocês conhecem este aqui, pois o nome desse cara *certamente* surge em todo Mês da História Negra, em fevereiro.

William Edward Burghardt Du Bois, ou como ele ficou conhecido quando era mais jovem, Willie Du Bois, ou como ficou conhecido quando mais velho, W. E. B. Du Bois, porque apelidos são ótimos quando você tem quatro nomes. Ele e seu irmão foram criados em Massachusetts por uma mãe solo que batalhava para cuidar deles. O jovem Willie viveu sua primeira experiência racial em um parquinho inter-racial aos 10 anos, da mesma forma que muitos de nós experimentaram nossas primeiras experiências raciais. Uma menina recusou um cartão dele. OK, talvez essa não seja a primeira experiência *racial* para muitos de nós, mas muitos de nós experimentaram, e vai experimentar, esse tipo de rejeição. Alguns de nós vão experimentá-la romanticamente — ela/ele/elx pode só não estar a fim de você — e outros de nós, como Du Bois, vão experimentá-la como um resultado direto de nossas diferenças. No caso dele, a principal diferença foi a cor de sua pele. Foi o que bastou para Du Bois começar a competir com seus colegas de classe brancos, determinado a convencê-los de que ele não era diferente. E se era diferente, era porque era melhor.

Aos dez anos, W. E. B. Du Bois não sabia que se tornaria o rei da persuasão pela ascensão. O rei do *Eu posso fazer tudo o que eles podem.* O rei do *Se eu fosse como você, você me amaria?* O que fez dele, sem nenhuma dúvida, o rei negro da assimilação.

Pelo menos por um tempo.

Mas já vamos chegar lá.

Agora, vamos falar sobre como o Du Bois adolescente decidiu — como Phillis Wheatley algumas gerações antes — que ele queria ir para Harvard. Uma instituição totalmente branca. E, óbvio, essa não era nem uma opção. Então, algumas pessoas da cidade — uns camaradas brancos gente boa — juntaram dinheiro e mandaram o jovem Willie para a Fisk University, em Nashville, a melhor universidade negra do país e a melhor das melhores quando o assunto era ensinar a persuasão pela ascensão para as pessoas negras. Du Bois devorou as lições de como superar as pessoas brancas. E após seu período na Fisk, Du Bois estava apto para colocar em prática o que havia aprendido sobre assimilacionismo.

Seu sonho se tornou realidade. Ele foi admitido em Harvard para fazer uma pós-graduação.

E ele não foi apenas admitido, mas se saiu tão bem lá que até fez um discurso quando se formou.

W. E. B. Du Bois se formou na melhor universidade negra e na melhor universidade branca, provando que as pessoas negras eram capazes. Pelo menos na cabeça dele. Como eu disse, ele era obcecado por se manter à altura das pessoas brancas. Por jogar o jogo delas. Mas em seu discurso ele deu os créditos a Jefferson Davis — Jefferson Davis! —, dizendo que o presidente confederado representava algum tipo de individualismo vigoroso, ao contrário da natureza "submissa" da pessoa escravizada. Caramba. Justamente como John

Cotton e Richard Mather haviam planejado há várias gerações, essas ideias estavam saindo das salas de aula das melhores universidades dos Estados Unidos, onde Du Bois basicamente foi alimentado com a mesma narrativa de que negros haviam sido arruinados pela escravidão. De que essas pessoas eram irremediáveis, desesperadas para serem curadas, mas infelizmente incuráveis, o que significava que ele era obviamente excepcional e... uma exceção. Mas a base de sua excepcionalidade, de sua excelência, era o fato de Du Bois ser birracial. *Tinha* que ser. De acordo com um dos mentores intelectuais de Du Bois, "mestiços eram praticamente iguais a qualquer homem branco".

Du Bois foi tão longe a ponto de culpar negros pelos maus-tratos que sofriam. De culpá-los por revidar, o que significa que ele os culpava por serem linchados. Por exemplo, quando o branco desafiava a Décima Quinta Emenda — o direito ao voto — ao anexar uma qualificação educacional àquilo que supostamente era uma liberdade para *todos*, Du Bois, um homem estudado, criticava a raiva dos negros. E encontrava justificativa nas reações brancas à raiva negra. Porque negros estavam infringindo a lei quando queriam que brancos parassem de infringir a lei. Eles estavam errados por querer viver. E Du Bois não era o único homem negro a acreditar que os homens negros eram ruins. Booker T. Washington, a estrela-guia do Tuskegee Institute — uma faculdade que produziu genialidades negras em série —, acreditava nisso, e mesmo um Frederick Douglass moribundo acreditou. No fim, foi necessário uma jovem negra antirracista para dar um jeito nesses homens racistas.

Ida B. Wells-Barnett era uma jornalista investigativa que fez uma pesquisa essencial para expor a inconsistência dos números. Em um panfleto que ela publicou no ano de 1892 chamado *Southern Horrors: Lynch Law in All Its Phases* [Os horrores do Sul: a lei de linchamento em todas as suas fases], ela descobriu que de uma amostra de 728 relatos de linchamento, apenas um terço dos homens negros linchados haviam de fato "sido *acusados* de estupro, para não mencionar aqueles que eram inocentes da acusação". Os homens brancos estavam mentindo sobre os estupros cometidos por homens negros contra mulheres brancas e encobrindo os próprios ataques às mulheres negras. Mas a acusação de estupro podia facilitar as coisas para os homens brancos sulistas, que se gabavam e agiam maliciosamente, e tudo em nome da defesa da honra de mulheres brancas. E Du Bois não contestou isso.

Cometa o crime, pague a pena.

Não cometa o crime... e morra.

Eu sei. W. E. B. Du Bois não parece ser tão legal assim. Então, vamos falar de outra pessoa.

Booker T. Washington. (Risquem aquele lance que acabei de falar sobre ele algumas linhas acima. Na real, não risquem porque é verdade. Mas... tem mais.)

Booker T. Washington queria que negros se concentrassem no que hoje seria chamado de trabalho operário. Enquanto Du Bois estava socializando nos salões acadêmicos brancos, Washington estava nos campos. Bem, não realmente. Embora fosse diretor de Tuskegee, seu apoio aos direitos civis se deu mais pela porta dos fundos. Depois da morte de Frederick Douglass em 1895, Washington tomou o lugar dele como o novo líder da população negra do país, e embora ele apoiasse o empoderamento *no privado*, ele aconselhava *publicamente* que negros se concentrassem em conquistas menores, como cuidar de plantações. Trabalho braçal. Trabalho repetitivo. Porque ele sabia que isso seria mais aceitável para os brancos. Sabia que eles iam engolir. E por que não? Ele era um homem negro dizendo, num momento pós--escravidão, que negros deveriam se contentar com a base porque, pelo menos, a base era um começo digno. Para os brancos, parecia perfeito, porque significava que havia mais chance de que negros ficariam longe das posições de poder e, portanto, nunca alcançassem nenhuma.

Aff. Acho que Booker T. Washington também não parece tão legal assim.

Du Bois acreditava que o certo era ser como os brancos para eliminar qualquer ameaça, de forma que negros pudessem competir com eles. Washington acreditava na eliminação dos pensamentos de competição, de modo que brancos não fossem ameaçados pela sustentabilidade negra. E havia negros que acreditavam em ambos porque, embora agora estejamos criticando suas ideias assimilacionistas, eles eram vistos como líderes de seu tempo. E o mais louco em relação a esses dois homens é que eles não se davam bem. Eles eram como um Biggie e um Tupac de sua época. Ou talvez um Michael Jackson e um Prince. Hmm, talvez Malcolm e Martin. Eles acreditavam em um mesmo destino, que era a libertação negra, mas, em relação à jornada, esses homens não poderiam discordar mais.

Du Bois, o menino de ouro superinteligente. Washington, o homem do povo.

Du Bois escreveu *As almas da gente negra*, que intelectualizou aquilo que os negros realmente eram. Washington escreveu *Memórias de um negro americano*, que resumiu a diligência, fé e coragem necessárias (ainda hoje) para sobreviver nos Estados Unidos, e também trouxe a ideia do "salvador branco".

Histórias que retratavam brancos tendo epifanias antirracistas ou momentos de empatia que resultavam na "salvação" dos negros — histórias de salvadores brancos — estavam se tornando uma fixação da mídia estadunidense, e o problema com elas não era que não havia nenhuma pessoa branca "boa" na vida real, mas que as histórias passavam a ilusão de que havia mais dessas pessoas do que havia na realidade. Que os brancos, no geral, foram (de novo) os "salvadores" dos negros.

Por causa disso (em parte), *Memória de um negro americano* foi um sucesso. E Du Bois não pôde suportar isso. Ele não conseguiu digerir o fato de que Washington estava nos holofotes, brilhando. Washington foi até convidado para ir à Casa Branca uma vez que Theodore Roosevelt ocupou o cargo; enquanto o sempre sofisticado Du Bois criticava Washington publicamente, chamando-o de antiquado por ser tão condescendente com os brancos, por apresentar a ideia de que negros deviam buscar dignidade no trabalho, e que nenhuma educação seria completa sem o aprendizado de um ofício.

Enquanto isso, seu livro, *As almas da gente negra*, pretendia estabelecer o simples fato de que negros eram seres humanos complexos. Foi nesse trabalho que Du Bois introduziu a ideia de consciência dupla. Uma dualidade. Um eu negro e um eu estadunidense. E a partir daí ele formou um conjunto de pessoas negras que estariam no ponto de convergência. Negros que deveriam ser representantes "positivos" da raça. Tipo, se a negritude — a "boa" negritude — fosse uma marca, Du Bois iria querer que *essas* pessoas negras fossem suas embaixadoras. Uma em cada dez, ele acreditava, eram dignas do trabalho. Ele as chamou de o Décimo Talentoso.

Embora Du Bois fosse contra a condescendência em relação aos brancos — pelo menos era por isso que ele criticava Washington —, ele ainda era o mesmo homem lutando pela aprovação branca. Ele ainda acreditava que poderia acabar com o racismo pensando, vestindo e falando. Não importava o que dissesse sobre as bobagens e "condescendência" de Washington, W. E. B. Du Bois ainda era, de fato, o imperador da persuasão pela ascensão.

Mas Du Bois acordaria. Com um tapa na cara, inclusive. Não de Washington, mas de um homem chamado Franz Boas, que imigrou para os Estados Unidos vindo da Alemanha em 1886 por causa da perseguição aos judeus. Boas se tornou um dos antropólogos mais proeminentes dos Estados Unidos e estava delineando similaridades entre a forma como seu povo era maltratado na Alemanha e a maneira como negros eram maltratados nos Estados Unidos — com as duas nações dizendo que o grupo perseguido era naturalmente inferior para justificar esse tratamento. A mesma história, outro livro. Mas em 1906, quando Du Bois convidou Boas para falar na Atlanta University (onde lecionava), ele não fazia ideia de onde estava se metendo. Boas afirmou que a ideia de que negros eram naturalmente inferiores — ou mesmo de que tinham se tornado inferiores por causa da escravidão — era falsa, e tudo o que se precisava fazer para provar isso era vasculhar a história *antes* de sua chegada nos Estados Unidos. As pessoas negras tinham história. E essa história — uma história africana — não era de inferioridade. Pelo contrário, era de impérios gloriosos, como aqueles de Gana, Mali e Songai, repletos de intelecto e inovações.

A cabeça de Du Bois explodiu na hora. Pelo menos, eu imagino que sim. De qualquer forma, sua mente e toda aquela bobagem branca que ele vinha consumindo começaram a mudar.

Mas a euforia intelectual não duraria porque, no fim daquele mesmo ano, negros ajudariam republicanos a recuperar a Câmara dos Representantes nas eleições feitas durante o mandato presidencial. E, assim que isso aconteceu, Roosevelt — o presidente que convidou Booker T. Washington para sua casa, o presidente mais popular entre as pessoas negras de todos os tempos —, expulsou um monte de soldados negros do exército. Sem nenhuma grana. Cento e sessenta e sete soldados, para ser exato. E alguns deles foram falsamente acusados pelo assassinato de um bartender e pelo ferimento de um policial no Texas. Esses soldados, do 25º Regimento de Infantaria, eram motivo de orgulho para a população negra dos Estados Unidos. Os maus-tratos que eles sofreram, enquanto defensores de um país que vinha lutando contra eles a vida inteira, foi um golpe para a psique negra. E assim, Roosevelt começou a ser visto como um traidor pelos negros. E porque Booker T. Washington era um camarada de Roosevelt, seu compadre, seu "amigo negro", Washington também teve que sentir raiva quando o presidente prejudicou seu povo.

Por causa do impacto social que Booker T. Washington sofreu graças ao seu histórico familiar e "amigável" ao lado de Roosevelt, o Décimo Talentoso de Du Bois ganhou influência.

16

Jack Johnson *versus* Tarzan

A briga entre Du Bois e Washington nem se compara com o boxe real que cativou a nação inteira. Lutadores negros eram vistos como uma forma de dar uma surra simbólica no racismo dos brancos estadunidenses. Brancos usavam lutadores brancos para provar sua superioridade em relação aos negros no ringue e, portanto, no mundo. E nenhum boxeador deu tanta porrada nos brancos nem encheu tanto os negros de orgulho como Jack Johnson.

Ele era o negro mais famoso dos Estados Unidos. E o mais odiado. Porque ele era o melhor. Johnson derrotou cada um dos boxeadores brancos e em dezembro de 1908 finalmente teve a chance de concorrer ao título de peso-pesado. Seu oponente: Tommy Burns. A luta aconteceu na Austrália e, bem, vamos dizer apenas que Jack deixou Tommy "pra lá da linha do Equador".* Eu sei, é uma piada ruim. Uma piada de tiozão. Uma piada de tiozão ruim. Mas, ainda assim, é um fato.

Para os racistas, atletas e artistas poderiam dar origem a narrativas do negro agressor, do dançarino nato etc. Tipo, negros não eram bons no

---

* No original, *down under*, expressão em inglês utilizada em referência à Austrália e à Nova Zelândia, uma vez que esses países ficam no hemisfério sul e, portanto, abaixo da Grã-Bretanha, que colonizou as regiões. É como dizer que os países ao sul da linha do Equador são inferiores por estarem abaixo dos europeus. Piada de tiozão mesmo. [N. T.]

que faziam por praticar e trabalhar muito, mas porque nasceram assim. (Nota: assimilacionistas negros também argumentavam nesse sentido.) Isso é racista e deu aos brancos uma forma de explicar as próprias falhas. Suas derrotas competitivas. E também deu a eles justificativas para encontrar maneiras de trapacear, dentro e fora do estádio.

Para os negros, no entanto, os esportes e as artes foram, e ainda são, uma forma de estar entre os melhores. Uma forma de usar o atleta ou o artista — Johnson era ambos — como um avatar. Tipo um representante da raça inteira. Como máquinas de teletransporte humanas transportando negros, especialmente pobres, da vulnerabilidade para a possibilidade. Então, se Johnson aparecesse vestindo roupas chiques, com os dedos adornados de diamantes, todos os negros estariam psicologicamente na estica. Pelo menos por um tempo. Se Johnson falasse um monte para os homens brancos, dizendo o que desse na telha, todos os negros deixariam escapar umas afrontas (internamente). E o mais importante: se Johnson nocauteasse um homem branco, adivinhem só? Todos os negros nocauteariam um homem branco.

E os brancos não podiam engolir isso.

Imediatamente, os brancos começaram a clamar por uma "grande esperança branca" que derrotaria Johnson. Essa "esperança" era um campeão de pesos-pesados aposentado, James J. Jeffries. Aposentado. A esperança deles era alguém que já tinha deixado os esportes. Realmente. Tipo... *fala sério.*

Nem preciso fazer suspense. Vocês sabem o que aconteceu.

Jeffries também perdeu e embora sua derrota tenha sido um bom negócio, principalmente para os brancos, tudo o mais relacionado a Jack Johnson — não apenas seu boxe — foi o que disparou os alarmes no mundo racista.

Seu ego. Jack Johnson era um campeão que agia como um campeão. Casacos de pele e diamantes. Uma celebridade precoce. E...

A maior facada no coração dos cidadãos brancos foi: a esposa de Jack Johnson era... branca. (Entra a música dramática ou barulho de trovão ou um gato rosnando ou...)

Johnson tinha poder demais. Ele tinha o poder de derrotar homens brancos. O poder de estar acompanhado por mulheres brancas. E, tal como aconteceu com a Revolução Haitiana, os brancos ficaram com medo de que todos os homens negros começassem a se sentir assim tão poderosos, e isso era inaceitável. Então, deram um jeito de se livrar de Jack Johnson. De pará-lo. Johnson foi preso sob falsas acusações de estar traficando uma prostituta (ou, melhor, uma mulher branca) de um estado para o outro. Ele fugiu e passou sete anos fora do país antes de se entregar e cumprir um ano de prisão.

Mas o fim de Jack Johnson não foi suficiente para fazer os homens brancos se sentirem bem consigo mesmos, então um homem chamado Edgar Rice Burroughs escreveu um livro para fortalecer a ideia da supremacia branca e lembrar aos homens brancos que os africanos (pessoas negras) eram selvagens. O título do livro: *Tarzan, o filho das selvas*.

Aqui vai a sinopse da série de livros:

1. Um menino branco chamado John Clayton fica órfão na África Central.

2. John é criado por macacos.

3. Os macacos batizam John como Tarzan, que significa "pele branca".

4. Tarzan se torna o melhor caçador e o melhor guerreiro. Melhor que todos os africanos.

5. Em algum momento ele aprende a ler sozinho.

6. Nas sequências e subsequências dessa história, Tarzan protege uma mulher branca chamada Jane, impedindo que ela seja violada pelos africanos.

7. Tarzan protege uma mulher branca chamada Jane, impedindo que ela seja violada pelos africanos.

8. Tarzan protege uma mulher branca chamada Jane, impedindo que ela seja violada pelos africanos.

9. Sacaram?

Tarzan era o grande homem que Jack Johnson nunca foi nem jamais seria. Ele se tornou um fenômeno cultural, foi transformado em quadrinhos, filmes, programas de televisão e até brinquedos. Certeza que vocês já viram os filmes ou aqueles programas de TV antigos onde Tarzan faz aquele canto tirolês, um grito da masculinidade branca que todos nós imitamos quando crianças. Eu, pelo menos, imitei.

17

O nascimento de uma nação (e de um novo transtorno)

No mesmo ano de publicação do primeiro romance de Tarzan, os negros estadunidenses foram enganados de novo (DE NOVO) por um candidato político. Elas ajudaram a eleger o democrata Woodrow Wilson.

Agora parece uma boa hora para falar sobre todo aquele lance republicano/democrata. Neste ponto da história, os democratas dominavam o Sul. Eles eram contra a expansão dos direitos civis e de qualquer coisa que tivesse a ver com um poder federal de longo alcance, tipo ferrovias, eram contra a ocupação do Oeste por brancos pobres que não eram senhores de escravos, e até se opunham a sistemas de universidades públicas. Hoje diríamos que eles são contra um "governo interventor". Nessa época os republicanos dominavam o Norte. Eles eram "a favor" dos direitos civis (pelos menos politicamente) e queriam expansões, ferrovias e até mesmo um sistema público de educação.

Eu sei. Parece que eu peguei a descrição desses partidos e misturei tudo. Como se a gente vivesse em um mundo invertido. Talvez a gente viva.

Bem, vamos voltar para Woodrow Wilson. Ele era um democrata. E durante seu primeiro mandato, mostrou para os negros o que pensava deles curtindo a primeira exibição cinematográfica da história na Casa Branca com o filme de D. W. Griffith, *O nascimento de uma nação* — o primeiro grande sucesso comercial de Hollywood. O filme foi baseado no livro *The Clansman* [O homem do clã]. Dá para adivinhar o assunto do filme?

Aqui vai a sinopse:

1. Um homem negro (interpretado por um homem branco com *blackface*) tenta estuprar uma mulher branca.

2. Ela se mata pulando de um penhasco.

3. Membros da Klan vingam sua morte.

4. Fim.

O começo de uma nova revolta. Quero ser bem objetivo aqui. Estupro é uma coisa muito séria e a culpa não deve ser colocada na vítima. Mas, nessa época, acusações de estupro eram muitas vezes usadas como justificativa para o linchamento de homens negros, com base nos estereótipos do homem negro selvagem e da preciosidade da mulher branca. As pessoas negras protestaram contra o filme. Os intelectuais, como Booker T. Washington e W. E. B. Du Bois, lutaram por seus meios intelectuais. Escrevendo. Mas ativistas negros sulistas fizeram muito mais. Eles protestaram com seus pés.

Era hora de ir embora.

É importante dizer que tudo isso aconteceu durante a Grande Guerra, também conhecida como a Primeira Guerra Mundial, mas a grande guerra local entre negros e brancos levou os negros ao limite. Elas começaram a deixar o Sul aos montes. Imagine o maior desfile que vocês já viram e então multiplique por um quatrilhão. Mas a coisa não foi assim tão organizada e feliz. Esse era um desfile pelo progresso. Um desfile pela esperança após uma severa exaustão. Negros estavam cansados de ser enganados. Cansados de ouvir que a vida tinha melhorado depois da emancipação, como se as leis Jim Crow não tivessem tornado a vida deles miserável. Como se os políticos não tirassem vantagem deles, explorando-os para ganhar votos e ter mais poder para depois acabar com eles. Como se a mídia não continuasse a promover narrativas racistas que colocariam negros em risco fora das páginas e das telas

18

A missão já está no nome

Negros do Sul seguiram para Chicago. Detroit. Nova York. Alguns até vieram do Caribe para escapar do colonialismo. Um jamaicano, Marcus Garvey, foi um deles. Garvey veio para os Estados Unidos com o objetivo de levantar dinheiro para uma escola na Jamaica, e a primeira coisa que ele fez quando chegou em Nova York no ano de 1916 foi visitar o escritório da National Association for the Advancement of Colored People [Associação Nacional para o Progresso de Pessoas de Cor] (NAACP).

A NAACP foi criada por dois homens que tinham escrito livros sobre John Brown, um ativista antiescravidão. Em 1859, Brown — um homem branco — invadiu um arsenal militar em Harpers Ferry, West Virginia, com a intenção de armar escravizados e começar uma revolução. Ele foi capturado e, óbvio, executado. Du Bois escreveu a biografia de Brown e no ano em que o livro foi publicado, em 1909, foi também o ano em que um homem chamado Oswald Garrison Villard publicou sua biografia de John Brown. Villard era branco e, por um acaso, neto de William Lloyd Garrison. Quem vocês acham que vendeu mais livros? Mas em vez de Du Bois acabar com Villard como fez com Booker T. Washington, ele decidiu trabalhar ao lado de Villard na formação da NAACP. A missão deles estava no nome da associação.

E, quando Marcus Garvey apareceu, ele esperava que essa missão estivesse espelhada nas pessoas que trabalhavam na organização. Vejam, Garvey foi à procura de Du Bois, mas quando chegou no escritório, ele ficou confuso, sem saber se a NAACP era uma organização negra ou branca. E isso porque nenhuma pessoa de pele negra trabalhava lá. Era como se as únicas pessoas que pudessem ter algum sucesso nos Estados Unidos fossem birraciais ou de pele clara. Como se os Décimos Talentosos fossem as únicas pessoas negras de valor. Que pensamento mais assimilacionista. Um antirracista como Garvey considerava valorosas todas as pessoas negras. Considerava a negritude valorosa, na cultura e na cor. Então, Garvey decidiu se fixar no Harlem e fundou a própria organização, chamada Universal Negro Improvement Association [Associação Universal para o Progresso Negro] (UNIA). Seu objetivo era focar na solidariedade africana, na beleza da pele escura, na cultura afro-americana e na autonomia africana global. Ele basicamente criou o exato oposto dos Décimos Talentosos.

Garvey não foi o único a notar o crescimento do poder de estadunidenses birraciais. Os estudiosos estavam atentos. Eugenistas — pessoas que acreditavam que era possível controlar a "qualidade" dos seres humanos ao evitar genéticas indesejáveis, ou seja, as genéticas das pessoas negras — criticavam e censuravam a mistura de raças porque a branquitude era considerada pura. Surgiram novas versões da hierarquia racial, que não eram assim tão novas porque negros ainda se encontravam no fim dessa hierarquia, mas o argumento era que quanto mais sangue branco (nórdico) as pessoas tinham, melhores elas seriam intelectualmente. Olha, eu poderia continuar aqui falando sobre isso, mas é algo que eu já disse um milhão de vezes até agora. Os caras estavam argumentando o que já vinham argumentando antes — que as pessoas negras nasceram para ser inferiores, e que a mistura com pessoas brancas lhes dava um empurrãozinho porque daí elas não seriam "totalmente" negras. Tudo isso estaria ligado com a criação de testes padronizados e de QI, todos distorcidos para justificar a estupidez negra, então aqueles que se saíam bem *só podiam* ter um pé na branquitude. Blá-blá-blá.

Ainda assim, durante a Grande Guerra, os homens negros foram considerados bons o suficiente para lutar. Espertos o suficiente para ser estratégicos. Motivados o suficiente para correr, rolar, atirar e salvar. Óbvio.

Du Bois foi até Paris quando a guerra acabou para documentar as histórias dos soldados negros para o *Crisis*, o jornal que ele tinha fundado. As histórias que ele ouviu e documentou eram de heróis negros. Mas quando os militares brancos voltaram para os Estados Unidos e contaram suas versões, os heróis negros viraram zeros à esquerda. E o mais importante: os soldados negros tinham sido tratados relativamente bem na França. E o presidente na época, Woodrow Wilson, teve medo de que o fato de terem recebido um tratamento decente no estrangeiro daria muita confiança para os soldados negros. Faria os soldados se sentirem com o rei na barriga. Faria com que eles esperassem um tratamento justo quando chegassem em casa, um lar pelo qual tinham arriscado a vida.

Pensem bem.

O lar pelo qual eles sangraram. Mataram. Essa foi a derradeira rajada de vento (não a última, na verdade, mas ele estava chegando lá) na caminhada de Du Bois pela corda bamba do racismo. Suas críticas anteriores aos antirracistas, que os transformava em semeadores de ódio imaginários, finalmente bateram na cara dele. Du Bois tinha passado muitos anos tentando convencer negros a se moldarem em uma versão dos brancos. Ele gastou tanto tempo tentando aprender, falar, se vestir e impressionar para se livrar do racismo. Ele tentou fornecer aos estadunidenses brancos os fatos científicos das disparidades raciais, acreditando que a razão poderia acabar com o racismo, como se o racismo tivesse nascido da razão. Ele até mesmo gastou energia ridicularizando lideranças como Ida B. Wells-Barnett por convocarem apaixonadamente negros para a luta. Mas a cada ano, conforme se acumulavam as tentativas falhas de liberdade, os apelos de Du Bois para que negros protestassem e lutassem ganhavam mais força.

Du Bois, o rei da assimilação, começou a desafiar as distorções que os homens brancos faziam. Havia chegado o tempo do *novo* negro, ele pregava. Aquele que não mais ficaria sentado em silêncio, esperando para ser assimilado. E, em 1919, quando muitos daqueles soldados chegaram em casa, eles voltaram da guerra como Novos Negros.

Infelizmente, os Novos Negros foram recebidos pelos velhos brancos. Com violência. As ideias racistas comuns não estavam mais funcionando com as pessoas negras, então os racistas tiveram que ir ao infinito e além. O verão de 1919 foi o verão mais sangrento desde a Reconstrução. Tanto que foi chamado de Verão Vermelho. Du Bois respondeu ao Verão Vermelho com uma coleção de ensaios que argumentavam para defender que negros são pessoas, mas uma das coisas mais revolucionárias que ele fez nessa coleção foi honrar as mulheres negras. E isso era importante demais porque as mulheres negras tinham sido deixadas completamente de fora da conversa sobre raça ou haviam sido transformadas em objetos para se olhar e tirar vantagem.

Embora Du Bois tenha feito isso, Marcus Garvey, o jamaicano que tinha discordado da NAACP, ainda o desprezava. Como eu disse, Garvey era um antirracista convicto; e apesar de Du Bois estar dando alguns passos antirracistas, ele ainda seguia a linha assimilacionista, e Garvey pensava que Du Bois estava sendo condescendente com a própria raça. Que ele se portava e agia como se fosse uma pessoa negra superior. Uma pessoa negra especial. Uma exceção. E, óbvio, havia a maior treta de todas, o conflito sobre a premissa de que as pessoas de pele clara estavam recebendo vantagens e um tratamento melhor — o colorismo. Garvey não estava completamente errado. Embora Du Bois quisesse que negros tivessem a liberdade de ser diferentes quando o assunto era música, arte e espiritualidade, ele definitivamente via a si mesmo como o padrão. Então, se você não era como ele — de pele clara e hipereducado —, então não era uma pessoa boa o suficiente. Ele também reforçava a ideia de Harriet Beecher Stowe de que negros tinham mais alma que os brancos (o que significava que tinham menos racionalidade) e, portanto, se saíam melhor em coisas criativas. Garvey teria argumentado contra isso, mas ele não teve chance porque o governo estadunidense o acusou de fraude postal e ele foi deportado três anos depois.

Sem ninguém ali para desafiá-lo, a velha muleta de Du Bois, da qual ele parecia não ser capaz de se desvencilhar, a persuasão pela ascensão racial, estava prestes a se transformar em um tipo diferente e *amigável* de isca.

19

Cantar, dançar e escrever não adianta

Du Bois era agora o cara mais velho entre os jovens artistas do Harlem. No dia 21 de março de 1924, ele foi até um clube para ver um grupo de poetas e romancistas jovens que eram seus apoiadores. Foi nesse evento que ele conheceu muitos dos jovens artistas negros que formariam o que hoje conhecemos como Harlem Renaissance* [Renascimento do Harlem], e Du Bois queria garantir que negros progredissem ao ganhar o respeito dos brancos por meio de sua arte. Era uma nova forma de persuasão pela ascensão racial — a persuasão midiática —, que basicamente significava usar a mídia, a arte nesse caso, para seduzir as pessoas brancas.

Mas nem todo mundo estava beijando os pés assimilacionistas de Du Bois. Havia um grupo resistente de artistas, surgido em 1926, que se autodenominava Niggerati. Eles acreditavam na possibilidade

---

* A migração de ex-escravizados para o Norte, em busca de um ambiente menos hostil, atraiu para o Harlem, bairro nova-iorquino, predominantemente composto por migrantes, algumas das maiores mentes e talentos negros da época. Um conjunto de artistas e estudiosos afro-americanos passou a desenvolver uma massiva produção intelectual no Harlem, entre o final da Primeira Guerra Mundial e meados da década de 1930. Tal produção culminou em uma das eras mais significativas de expressão cultural da história do país — o Harlem Renaissance, ou a Renascença do Harlem. Esse movimento de matriz negra englobou muitas expressões artísticas, unidas pela expressão da negritude e por uma militância renovada por direitos civis e políticos. [N. E.]

de fazer o que quisessem para se expressar enquanto seres humanos plenos sem se preocupar com a aceitação branca. Um dos poetas mais proeminentes entre os Niggerati foi Langston Hughes, que afirmava que se um artista negro pendesse para a branquitude, sua arte não seria completamente autêntica. Que estava tudo bem ser um artista negro sem sentir insegurança ou vergonha. Eles queriam agir da mesma forma que as mulheres do blues, como Ma Rainey e Bessie Smith, que cantavam sobre dor e sexo ou sobre qualquer coisa que quisessem. Mesmo que as imagens da negritude não fossem sempre positivas. W. E. B. Du Bois e seus apoiadores da persuasão pela ascensão racial e da persuasão midiática tinham dificuldade em aceitar qualquer narrativa em que pessoas negras não eram menos do que perfeitas. Menos do que dignas. Mas os Niggerati argumentavam que se negros não podiam ser retratados como imperfeitos, então eles não podiam ser retratados como humanos. E que isso era racista.

Caberia aos artistas negros se retratarem. Escrever, pintar, dançar e esculpir sua humanidade, quer os brancos gostassem ou não. Quer os brancos os considerassem humanos ou não. E eles não os consideravam humanos. Em vez disso, negros eram vistos como símbolos, animais e ideias a ser temidos. A propósito, em 1929, três anos depois da formação dos Niggerati, Claude G. Bowers, um editor do *New York Post*, confirmou isso em um livro chamado *The Tragic Era: The Revolution After Lincoln* [Era trágica: a revolução após Lincoln].

Lincoln? Lincoln?! Abraham Lincoln estava morto fazia mais de sessenta anos. Mas a Reconstrução, quando distorcida da maneira certa, podia ser usada como uma forma de fazer uso do ódio que as pessoas brancas racistas sentiam. Foi uma forma de Bowers poder retroceder aos velhos tempos. Despertar aquele velho sentimento odioso. Fazer girar o motor do racismo, que, aliás, seguia bem vivo e consistente (e foi por isso que artistas antirracistas como os Niggerati achavam ingênuo atuar dentro da zona de conforto das pessoas brancas). Bowers estava furioso com o fato de que Herbert Hoover, um republicano, levou as eleições de 1928 (lembre-se das *reviravoltas*), arrebatando vários estados sulistas. *The Tragic Era* pretendia relembrar os democratas, sulistas e racistas, de que pessoas brancas inocentes foram torturadas pelos "republicanos negros" durante a Reconstrução. É quase risível. Quase. Mas isso deu uma nova energia para os racistas e até animou uma reestreia daquele clássico racista, *O nascimento de uma nação*.

A discussão de que as pessoas negras eram selvagens e inferiores voltou à tona. (Está ficando cansativo, né?) E então Du Bois, que tateava vagarosamente em direção ao antirracismo, decidiu responder ao livro de Bowers. Du Bois escreveu e publicou aquela que ele considerou sua melhor obra, *Black Reconstruction in America: 1860-1880* [Reconstrução negra na américa: 1860-1880]. No livro, Du Bois derrubou todos os argumentos de Bowers e descreveu como, muito pelo contrário, a Reconstrução foi reprimida pelas elites brancas racistas que criaram mais privilégios brancos para as pessoas brancas pobres desde que elas estivessem lado a lado contra as pessoas negras. A branquitude primeiro. Sempre a branquitude primeiro.

Era o ano de 1933. A vida de Du Bois como um assimilacionista tinha finalmente começado a se desfazer. Ele só queria que negros fossem autossuficientes. Que fossem negros. E que isso fosse o bastante. Então ele argumentou que o sistema educacional estadunidense estava levando o país ao fracasso porque não abordava a verdade racial da nação, porque se preocupava demais em proteger e defender a raça branca. No fim, ele estava argumentando o que já vinha argumentando de várias formas, e o que Frederick Douglass, Sojourner Truth, Booker T. Washington, Ida B. Wells-Barnett, Marcus Garvey e muitos outros antes dele argumentaram *ad nauseam*: que negros eram seres humanos.

Apesar da persuasão pela ascensão racial.

Apesar da persuasão midiática.

Apesar do fato de que a NAACP estava sob nova direção, Walter White, que decidiu se dedicar *mais* à persuasão pela ascensão racial. Walter White queria transformar a NAACP em uma organização de pessoas "refinadas" como ele, cuja missão era se colocar diante das cortes e dos políticos para persuadir juízes e legisladores brancos a acabar com a discriminação racial. Mas, em 1933, Du Bois não queria ter nada a ver com esse método.

Ele finalmente tinha virado as costas para o assimilacionismo.

Ele finalmente tinha se voltado para o antirracismo.

Então ele saiu da NAACP, escapando de toda aquela loucura e burocracia, e foi lecionar na Atlanta University. Ele adotou uma nova escola de pensamento. Inspirado em Karl Marx, Du Bois deu início a uma nova ideia — o socialismo antirracista. Ele usou essa ideia para ir mais além no antirracismo, até mesmo criticando faculdades negras por seus currículos branco-centrados ou por terem professores brancos lecionando Estudos Negros em escolas negras.

E a razão pela qual ele deu uma guinada dessas foi, talvez, o fato de que o país havia entrado na Grande Depressão. Ninguém tinha dinheiro. Mas uma coisa era não ter dinheiro. Outra coisa era não ter nem dinheiro *nem* liberdade. Então negros experimentavam um tipo de Depressão dupla. E embora o então presidente, Franklin D. Roosevelt, um democrata, tivesse desenvolvido uma iniciativa chamada New Deal [Novo Acordo], que era uma enxurrada de programas e de iniciativas de emprego com o objetivo de manter as pessoas sem dívidas, negros precisavam de seu próprio New Deal para mantê-los a salvo do velho acordo, o acordo racista, que, na verdade, não era um acordo.

(Nota: este foi o começo da mudança, quando os partidos democrata e republicano começaram a tomar a forma que têm hoje.)

E não que o New Deal não tenha ajudado os negros de nenhuma forma. Ajudou. Mas não o suficiente e não na mesma proporção que ajudou os brancos. E conforme negros pobres estavam tentando construir os próprios sistemas, e enquanto negros da elite estavam desconfortáveis e rechaçavam Du Bois, ele publicou um artigo que abalaria todo mundo.

Era o ano de 1934. O texto foi intitulado de "Segregation" [Segregação]. Du Bois foi para o lado de seu antigo rival, Marcus Garvey, afirmando que havia lugar, talvez até uma importância significativa, para uma separação voluntária não discriminatória. Basicamente,

Du Bois estava reivindicando espaços seguros para negros. Espaços que resistiriam e lutariam contra a tempestade midiática de ideias racistas que chegava ano após ano. E contra o estereótipo de que negros eram sexualmente imorais ou hipersexuais. Ou de que os lares negros tinham pais ausentes e que essa dinâmica familiar os tornava inferiores. Ou de que a cor da pele e a textura do cabelo tinham alguma coisa a ver com beleza e inteligência. Du Bois, sem o apoio de seus colegas da NAACP, os assimilacionistas que um dia estiveram alinhados com ele, queria combater tudo isso.

20

Lar é onde o ódio está

Segunda Guerra Mundial.

Eu sei, este livro não era para ser um livro de história, mas... vamos nessa.

Depois que os Estados Unidos entraram na Segunda Guerra Mundial em 1942, Du Bois se sentiu energizado pela "Double V Campaign" [Campanha do V duplo], organizada pela população negra do país: vitória contra o racismo em casa e vitória contra o fascismo lá fora. A Double V Campaign impulsionou o movimento pelos direitos civis. E conforme a Segunda Guerra se aproximava de seu fim em abril de 1945, W. E. B. Du Bois se juntou aos representantes dos cinquenta estados nas Conferências Internacionais sobre a Organização Internacional em São Francisco. Seu desejo era que a nova Carta das Nações Unidas se tornasse um para-choque contra o racismo. Então, mais adiante nesse mesmo ano, Du Bois compareceu ao Quinto Congresso Pan-Africano em Manchester, Inglaterra. O Pan-Africanismo é um movimento que encoraja a solidariedade entre todas as pessoas afrodescendentes. Força em número. Poder global. Essa era a chave. No Quinto Congresso, em 1945, Du Bois foi apropriadamente introduzido como o "pai do Pan-Africanismo".

No encontro havia duzentos homens e mulheres, incluindo o ganense Kwame Nkrumah e o queniano Jomo Kenyatta, jovens revolucionários que liderariam os movimentos africanos de descolonização, cujo objetivo era destituir lideranças coloniais. Esses representantes não fizeram a reivindicação politicamente racista por uma descolonização gradual feita nos congressos pan-africanos anteriores, como se os africanos não estivessem prontos para governar africanos.

E quando digo "africanos governando africanos", quero dizer africanos tomando decisões por si mesmos. Imaginem. Isso deve ter sido tipo uma bomba caindo na cabeça dos europeus racistas. Mas essas não eram as únicas bombas caindo.

Os Estados Unidos emergiram da Segunda Guerra, deram aquela olhada na Europa e na Ásia Oriental arruinadas, e com seu capital, força industrial e armamentos militares incomparáveis, se tornaram a nova liderança mundial. O único problema era que os Estados Unidos, a terra da liberdade, o lar dos bravos, ainda tinham um problema racial. E esse problema racial estava começando a afetar suas relações ao redor do mundo. A liberdade estadunidense não era livre. Caramba, não era nem real. E não importa quantos compromissos o presidente Harry Truman (que assumiu após a morte de Roosevelt em 1945) tentasse firmar, o Sul sempre revidava.

Eu quase não quero dizer o que aconteceu porque eu já disse o que aconteceu uma porção de vezes. Mas se vocês chutassem que os brancos começaram a perpetuar mentiras sobre negros serem inferiores para manter o mundo racista girando, então vocês acertariam na mosca.

No dia 2 de fevereiro de 1948, Truman encorajou o Congresso a implementar uma lei pelos direitos civis, apesar da falta de apoio entre os estadunidenses brancos. Dá para imaginar a revolta que isso causou. Muitos deixaram o Partido Democrata. Outros permaneceram e formaram o que chamaram de Dixiecratas, que, para resistir ao impulso que Truman deu aos direitos civis, nomearam um homem chamado Strom Thurmond para concorrer à presidência. E com uma plataforma extremamente segregacionista. Felizmente, não deu certo.

Eleitores negros garantiram a vitória de Truman, e, uma vez que ele tomou o poder, sua administração fez vir à tona alguns casos de direitos civis que mudariam o jogo:

1. SHELLEY vs. KRAEMER, 1948:

O caso foi encerrado pela decisão da Suprema Corte que determinou que os tribunais não poderiam fazer cumprir contratos de propriedade exclusivos para pessoas brancas nas cidades nortistas a fim de impedir a entrada de migrantes e deter a dessegregação habitacional. Esse caso deu origem ao movimento pela liberdade de moradia, que basicamente expôs os brancos que impediam os negros de morar onde bem entendessem. O medo era o mesmo de sempre. Que negros tornariam as vizinhanças perigosas. Que suas filhas brancas estariam em perigo. Que o valor da propriedade cairia. Alguns negros queriam viver em vizinhanças brancas por validação. Outros só estavam em busca de melhores alternativas de moradia. E alguns brancos ficaram com tanto medo que literalmente fizeram as malas e foram embora. Fuga branca.

2. BROWN vs. CONSELHO DE EDUCAÇÃO, 1954:

Certeza que vocês já ouviram falar deste aqui. Se uma pessoa mora no Sul e frequenta uma escola mista, aqui está o porquê. Este foi o caso que determinou que a segregação racial em escolas públicas era inconstitucional. Os resultados: as escolas começaram a se diversificar. O mais interessante sobre este caso, embora seja algo raramente discutido, é que essa é uma ideia bem racista na verdade. Quero dizer, isso basicamente sugere que crianças negras precisam ter uma chance justa e que uma chance justa só pode ser encontrada em escolas de brancos. Tipo, por que não tinham crianças brancas se matriculando em escolas negras? A hipótese era de que crianças negras não eram tão inteligentes porque não conviviam com crianças brancas, como se a mera presença de crianças brancas fosse tornar as crianças negras melhores. Um. Absurdo. Uma boa escola é uma boa escola, quer tenham pessoas brancas nela ou não. Ah, e obviamente as pessoas estavam furiosas com isso.

As pessoas estavam furiosas com esses dois casos.

E pessoas furiosas fazem coisas estúpidas.

Um ano depois, um menino de 14 anos chamado Emmett Till foi brutalmente assassinado em Money, Mississippi, por supostamente "assobiar" para uma mulher branca. Eles espancaram Till tão cruelmente que não dava nem para reconhecer o seu rosto no caixão durante o funeral em Chicago, sua cidade natal. As fotos horríveis foram divulgadas na comunidade negra enfurecida a pedido da mãe dele. E, embora os supremacistas no poder continuassem a culpar *Brown* versus *Conselho de Educação* por todos os problemas, a morte do jovem Emmett acendeu uma chama no movimento pelos direitos civis, liderado por um jovem e carismático pregador de Atlanta que idolatrava W. E. B. Du Bois — Martin Luther King Jr.

Havia uma energia nova no movimento. Uma nova onda. Uma nova forma de fazer as coisas. E Du Bois gostou muito de ver o movimento crescendo e ganhando mais poder. Ele tinha então 90 anos e estava cheio de esperança. Du Bois nunca parou de lutar e o Dr. King era do mesmo jeito. Ele e Du Bois não descansaram, nem os estudantes universitários. Quatro calouros negros da North Carolina A&T entraram na lanchonete Woolworth's de Greensboro em 1º de fevereiro de 1960. Eles se sentaram no balcão "exclusivo para brancos", onde tiveram o atendimento negado, e ficaram ali até a loja fechar. Em alguns dias, centenas de estudantes de faculdades e escolas da área haviam aderido ao movimento "sentaço" (em inglês, um trocadilho com *sitting* [sentados] e *sit-in* [protesto]). Reportagens cobrindo esses protestos não violentos passavam sem cessar nas televisões por todo o país, desencadeando uma onda de protestos com o objetivo de dessegregar os comércios sulistas. Em abril, os estudantes estavam organizando protestos em setenta e oito comunidades sulistas e de fronteira, e o Student Non-Violent Coordinating Committee [Comitê Estudantil de Coordenação Não Violenta] (SNCC) foi estabelecido. Esses colegiais eram tipo os *novos* Novos Negros. Eles não estavam à espera de salvadores brancos, não de políticos como John F. Kennedy, que concorria à presidência, nem de escritoras como Harper Lee, cujo romance *O sol é para todos* foi basicamente um *A cabana do pai Tomás* para o movimento pelos direitos civis. É... Não, obrigado.

Não, sem essa de brancos salvadores para eles. Mas eles também não estavam interessados em ser negros salvadores. Eles não estavam necessariamente se "salvando". Estavam apenas "sendo" eles mesmos. Mas o lance de ser negro é que apenas existir já pode atrair derramamento de sangue.

E era isso que o Dr. King, o SNCC e o movimento pelos direitos civis como um todo estavam esperando.

A violência brutal em resposta ao movimento não violento pelos direitos civis estava envergonhando o país ao redor de todo o mundo não branco.

Em 3 abril de 1963, King ajudou a dar início a uma série de manifestações em Birmingham, despertando a ira do chefe de polícia da cidade, fortemente segregacionista, "Bull" Connor. Nove dias depois, na Sexta-feira Santa, oito líderes religiosos brancos antissegregacionistas do Alabama assinaram uma declaração pública solicitando que aquelas "imprudentes e inoportunas" manifestações acabassem. Martin Luther King Jr., que foi preso naquele mesmo dia, leu a declaração em sua cela. Com raiva, ele começou a fazer algo que raramente fazia. Respondeu às críticas em sua "Carta de uma prisão em Birmingham", que seria publicada naquele verão.

Ninguém sabe se o adoentado W. E. B. Du Bois leu a carta de King. Mas assim como Du Bois fez em 1903, e depois se arrependeu, King erroneamente combinou dois grupos opostos em sua carta: os antirracistas que odiavam a discriminação racial e os separatistas negros que odiavam os brancos (grupos como a Nação do Islã). Mais tarde King se distanciaria de ambos, falando sobre uma cisão crescente dentro do movimento pelos direitos civis. Mais e mais jovens ativistas exaustos com a luta estavam ficando frustrados com a não violência de King e passaram a ouvir mais frequentemente os sermões de Malcolm X. Ele que era um ministro da Nação do Islã, uma organização religiosa com foco na libertação de pessoas negras por meio da disciplina, autodefesa, organização comunitária, e um forte entendimento de quem as pessoas negras eram, independente das opiniões das pessoas brancas. Ele pregava que os negros eram o povo originário do mundo, o que contrariava a Bíblia e aquelas antigas teorias sobre os egípcios brancos. Ele também pregava a autonomia negra — dizendo que negros podiam cuidar de si mesmos, de suas famílias e comunidades por eles mesmos. Claro, ele era uma força polarizadora, mas era também um antirracista dissuadindo ideias assimilacionistas.

No dia 3 de maio de 1963, os jovens que seguiam lideranças como Malcolm assistiram pela televisão os cães de caça cruéis de Bull Connor despedaçando as crianças e adolescentes negros de Birmingham que estavam seguindo o Dr. King; as mangueiras de incêndio de Connor quebrando membros, desnudando as pessoas e lançando corpos contra fachadas de lojas; e seus oficiais espancando os protestantes com cassetetes.

O mundo também assistiu.

No dia 11 de junho, o presidente John F. Kennedy se dirigiu à nação — ou, melhor, ao mundo — e intimou o Congresso a aprovar uma legislação a favor dos direitos civis. "Hoje estamos comprometidos com uma luta mundial pela promoção e proteção dos direitos de todos aqueles que desejam ser livres", Kennedy disse. "Nós pregamos a liberdade pelo mundo e acreditamos nisso."

Com os olhos do mundo em cima dele, Kennedy — que na verdade não tinha muita escolha — introduziu a legislação dos direitos civis. Mas isso não parou a força da tão esperada Marcha de Washington por Trabalho e Liberdade. Embora tenha sido organizada por grupos pelos direitos civis, a administração de Kennedy controlou o evento, reprimindo a desobediência civil. Os assessores de Kennedy aprovaram os oradores e os discursos — nada de mulheres negras, nada de James Baldwin (um romancista negro e gay assumido que se tornou uma voz política corajosa e brilhante por meio de seus escritos) e nada de Malcolm X. No dia 28 de agosto, aproximadamente 250 mil ativistas e repórteres do mundo todo marcharam até a área entre o Lincoln Memorial e o Washington Monument. E King encerrou o dia com aquele que é provàvelmente o discurso mais icônico de todos os tempos — "Eu tenho um sonho". Mas havia más notícias. W. E. B. Du Bois tinha morrido no dia anterior, enquanto dormia.

De fato, um Du Bois mais jovem clamou um dia por uma reunião desse porte, na esperança de convencer milhões de pessoas brancas a amar as humildes almas da gente negra. E, sim, o Du Bois mais velho escolheu outro caminho — o menos percorrido caminho antirracista — em direção à aceitação compulsória por milhões de pessoas das almas iguais da gente negra. E foi o caminho da desobediência civil que os jovens manifestantes do SNCC e do CORE (Congress of Racial Equality [Congresso de Igualdade Racial], também grandemente responsável pelo treinamento não violento do movimento) desejaram para a Marcha de Washington, um caminho que uma jovem de Dynamite Hill,* em Birmingham, já estava percorrendo e jamais abandonaria. Mas Roy Wilkins, um dos braços direitos do Dr. King e portador das más notícias, não falou muito sobre esses caminhos diferentes. Encarando a agitada Marcha de Washington, ele apenas pediu um momento de silêncio para honrar o homem de 95 anos que era ele próprio um movimento.

---

* Vizinhança assim apelidada por causa dos frequentes ataques que sofreu pela Ku Klux Klan durante a era dos direitos civis. [N. T.]

PARTE 5

1963 — Hoje

21

Quando a morte vem

Cynthia Wesley. Carole Robertson. Carol Denise McNair. Addie Mae Collins.

Esses eram os nomes das quatro meninas que foram mortas em uma igreja bombardeada.

Era dia 16 de setembro de 1963. O jornal: *Herald Tribune*. Angela Davis era uma estudante da Brandeis University quando ela leu esses nomes no jornal — quatro meninas mortas em Birmingham, Alabama.

Angela Davis nasceu em Birmingham. Ela conhecia aqueles nomes. Sua mãe, Sallye, foi professora de Carol Denise no primeiro ano. As famílias Robertson e Davis tiveram uma relação próxima de amizade até onde ela podia se lembrar. Os Wesley moravam bem perto, na íngreme vizinhança de Birmingham onde Angela cresceu. A mãe de Angela não foi intimidada pelos bombardeios. Era um momento assustador e doloroso, mas os Davis eram pessoas ativas, e quando digo "ativas", quero dizer "ativistas".

Sallye Davis era uma liderança no Southern Negro Youth Congress [Congresso da Juventude Negra do Sul], uma organização antirracista que protestava contra disparidades raciais e econômicas. Em Dynamite Hill, onde Angela Davis cresceu, Sallye e seu marido educaram a filha para ser antirracista. E ela passou grande parte da infância lutando contra a pobreza e o racismo que a rodeavam. Por que seus colegas de classe não tinham certas coisas? Por que eles passavam fome? Por que eles não podiam comer na escola? Ela até decidiu muito cedo que nunca — apesar da pressão — desejaria ser branca.

Ela lutou e falou por toda a sua trajetória até sua admissão na Brandeis — uma instituição predominantemente branca —, onde ela não concordou com o tipo de ativismo que rolava ali. Um ativismo organizado por pessoas brancas incapazes de perceber que elas eram o padrão. Mas ela encontrou meios para expressar suas emoções. Encontrou um lugar onde concentrar sua energia ativista.

James Baldwin, um dos autores preferidos de Davis, esteve na Brandeis em 1962, pouco antes do lançamento de seu manifesto ativista, *Da próxima vez, o fogo*. Baldwin escreveu uma coletânea de ensaios que sintetizou a experiência negra com o racismo. O livro contém uma carta ao seu sobrinho, alertando-o para a opressão que entraria em seu caminho, e outra carta abordando o centenário da Proclamação da Emancipação, na qual ele cobra a responsabilidade de estadunidenses negros e brancos no combate ao terrível legado do racismo. É uma análise macro e micro da máquina racial estaduni-dense, basicamente uma aula magna sobre antirracismo.

Malcolm X também esteve lá, e embora Davis não concordasse com suas inclinações religiosas, ela realmente se identificou com as ideias políticas dele. Davis ficou fascinada com o jeito como ele explicou o racismo que os negros internalizavam, um complexo de inferioridade forçado pela supremacia branca.

Mas quando Davis estava estudando fora, na França, ela foi emocionalmente transportada para casa quando leu os quatro nomes no *Tribune*. Cynthia Wesley. Carole Robertson. Carol Denise McNair. Addie Mae Collins. De volta a Dynamite Hill.

Davis não viu esse momento como um evento especial, um incidente isolado, não. Ela cresceu bem ciente do racismo estadunidense e de seu potencial mortal. E tudo o que ela pôde fazer foi engolir aquilo tudo e usar como combustível para continuar a lutar.

O presidente John F. Kennedy, por outro lado, precisava descobrir como dar um jeito na situação. Bem, era impossível, mas pelo menos ele tinha que fazer alguma coisa para acabar com o que poderia se tornar uma explosão total em Dynamite Hill. Ele deu início a uma investigação, o que, a propósito, fez seus índices de aprovação caírem. Dá para acreditar? Quatro crianças foram mortas. Bombardeadas. E, porque o presidente tentou investigar o incidente a fundo, seus eleitores e apoiadores sulistas ficaram realmente contrariados. Kennedy tentou se recuperar. Tentou melhorar seus índices em Dallas dois meses depois. Ele nunca mais voltaria para a Casa Branca.

Dois dias depois do enterro de Kennedy, Lyndon Baines Johnson, que assumiu a presidência, proclamou que o projeto de lei dos direitos civis no qual Kennedy estava trabalhando seria aprovado.

Mas o que isso significava?

No papel, significava que a discriminação baseada na raça era ilegal. Mas o que significava *realmente* era que as pessoas brancas, mesmo aquelas a favor da lei (na teoria), poderiam argumentar que estava tudo bem agora. Que as pessoas negras deviam parar de chorar e brigar e que deviam "superar" tudo, porque agora era todo mundo igual. Significava que podiam argumentar o que já vinham argumentando, que as circunstâncias dos negros são causadas tão somente por eles mesmos, e que se trabalhassem mais e estudassem, seriam bem-sucedidos. Significava que ignorariam as centenas de anos de privilégios que os brancos tiveram nos Estados Unidos. E a pior parte, o Civil Rights Act [Lei dos Direitos Civis] de 1964 faria os brancos repensarem a primazia e superioridade brancas, e, em vez de lidar com essas coisas, eles dariam cambalhota, inverteriam tudo e diriam que eles eram as vítimas agora. Que estavam sendo tratados de forma errada. Injustamente. Então, embora supostamente devesse criminalizar a discriminação, a lei acabou causando uma reação que trouxe à tona mais ideias racistas.

Contudo, o Civil Rights Act de 1964 foi a legislação a favor dos direitos civis mais importante desde o Civil Rights Act de 1875. Horas depois de formalizar essa lei, no dia 2 de julho de 1964, o presidente Johnson apareceu na TV para representar todo um ideal de liberdade estadunidense. Sua aparição poderia muito bem ter sido uma comédia. Um programa com um elenco composto dos melhores atores, completo, com rostos sorridentes e risadas falsas. E os negros estadunidenses, pelo menos aqueles que já tinham visto o programa antes, assistiram de novo, entretidos, mas totalmente cientes de que era tudo roteirizado.

E... *corta!*

Malcolm X, cheio de descrença em relação ao país, fez um discurso não contra o projeto de lei, mas sobre a probabilidade de a lei realmente ser aplicada. Quem garantiria que as leis seriam respeitadas se as autoridades, os legisladores e aqueles que faziam cumprir as leis eram todos brancos e racistas? Angela Davis se sentiu da mesma forma. E Angela e Malcolm não estavam errados. Era uma jogada política. O presidente Johnson sabia que, como tinha assinado a lei por Kennedy, o projeto não prejudicaria sua posição como presidente nem seu potencial para ser reeleito. Pelo menos, foi o que ele pensou. Mas George Wallace, o governador do Alabama e racista incurável, sabotou os planos de reeleição de Johnson. Wallace tinha se posicionado publicamente *a favor* da segregação um ano antes e recebeu 100 mil cartas em apoio, a maioria de nortistas.

Espera. Como assim? Isso mesmo. Nortistas. Enviando cartas de apoio ao posicionamento de Wallace *a favor* da segregação. Isso provou, dolorosamente, que todos — o Norte e o Sul — odiavam os negros.

Barry Goldwater, um senador do Arizona, também estava concorrendo. Goldwater seguia um novo tipo de conservadorismo. Sua plataforma era que o auxílio do governo, que os brancos vinham recebendo há *muito* tempo, era ruim para os cidadãos. Que esse auxílio transformava as pessoas em animais. Óbvio, essa epifania racista ocorreu a Goldwater uma vez que os negros começaram a receber assistência também. Engraçado como as coisas são. Só que não. É tipo alguém dizer que não gostou dos seus sapatos e então, uma semana mais tarde, depois de ter colocado você para baixo e ter feito você sentir insegurança, essa pessoa começa a usá-los. Aquele lance esquisito de pau que dá em Chico *não* dá em Francisco. O Chico seria irmão do Francisco. E neste exemplo o Chico seriam as pessoas negras.

Mas Goldwater, apesar do apoio que ganhou dos brancos mais abastados, não preocupou Johnson. Johnson estava preocupado com os movimentos políticos negros, como o Mississippi Freedom Democratic Party [Partido Democrático da Liberdade do Mississippi] (MFDP) e o Student Non-Violent Coordinating Committee, que não estavam satisfeitos com o que Johnson estava fazendo por eles. Os ativistas do Norte estavam enfrentando e protestando contra a exploração e a brutalidade policial. Os ativistas do Sul tinham sobrevivido e continuavam sobrevivendo à Klan. E o que Johnson lhes ofereceu? Que vantagens ele garantiu para o SNCC e para o MFDP? Dois lugares na Democratic National Convention [Convenção Democrata Nacional], o que era basicamente nada. Nenhum poder. E, sem poder, todo protesto no mundo não teria valido de nada. O que mudou foi que a batalha passou de uma luta pelos direitos civis para uma luta por liberdade. A diferença entre as duas é simples. Uma é a favor da igualdade. A outra, a favor do direito à vida.

A filosofia de Malcolm X, de empoderamento da união negra nacional e internacional, autonomia, autodefesa e orgulho cultural começou a soar como música aos ouvidos da juventude do SNCC. No fim de 1964, Malcolm X voltou de uma longa viagem à África para um grupo crescente de admiradores do SNCC e um grupo crescente de inimigos. Infelizmente, alguns meses mais tarde — no dia 21 de fevereiro de 1965 —, em um comício no Harlem, Malcolm seria baleado por esses inimigos.

Quando James Baldwin recebeu a notícia em Londres ficou devastado.

Quando o Dr. Martin Luther King recebeu a notícia em Selma, Alabama, ele ficou calmo. Reflexivo. Reconheceu que, embora nem sempre concordassem em relação aos métodos — tipo Du Bois e Washington, ou Du Bois e Garvey —, eles queriam a mesma coisa.

A morte de Malcolm X balançou seus seguidores negros antirracistas, especialmente os que viviam em ambientes urbanos. Ele havia instilado em muitos deles uma noção de orgulho, de destreza intelectual, de identidade. Ele fez os caras que viviam pelas ruas sentirem que tinham um lugar no movimento. Ele deu a atletas como Muhammad Ali um propósito maior que apenas boxear. Ele debateu e desconstruiu o racismo com uma coragem que muitas pessoas nunca tinham visto, e suas ideias evoluíram para uma Constituição mais inclusiva pouco antes do fim de sua vida.

A mídia, porém... bem, a mídia fez o que vinha fazendo por décadas... séculos. E transformou a vida inteira de Malcolm em uma história de bicho-papão sem nenhum contexto. "A vida de Malcolm X foi estranha e lamentavelmente desperdiçada", dizia o editorial do *New York Times*.

Mas os antirracistas honraram Malcolm e teriam algo em que se agarrar para continuar propagando suas ideias para sempre. Alex Haley estava trabalhando com Malcolm em sua autobiografia, e o livro seria publicado após sua morte. Suas transformações ideológicas, do assimilacionismo para uma visão separatista antibranca até um posicionamento antirracista, inspiraram milhões. Ele argumentava que, embora os brancos não nascessem racistas, o país tinha sido construído para torná-los racistas. E que se essas pessoas quisessem lutar contra isso, então elas deveriam abordar o assunto com outros brancos racistas com quem conviviam. Ele criticou os negros assimilacionistas. Chamou-os de fantoches, especialmente os "líderes" que haviam explorado o próprio povo para subir no conceito dos brancos. Malcolm X deixou carimbado que ele era a favor da verdade — não do ódio —, apenas da verdade, não importa de onde ela viesse. Sua autobiografia se tornaria uma escritura antirracista. E se tornaria um dos livros mais importantes da história estadunidense.

O presidente Johnson, ainda lidando com o ódio (das pessoas brancas) e com a descrença (das pessoas negras) pelo Civil Rights Act, decidiu ir além desse projeto. Decidiu dobrar a aposta. Meter o pé na lama antirracista. Depois do Civil Rights Act veio o Voting Rights Act [Lei dos Direitos de Voto] de 1965. E embora a lei tenha causado aquilo que cada centímetro de progresso causava, ódio e resistência por parte das pessoas brancas, o Voting Rights Act se tornaria o documento mais efetivo da legislação antirracista já aprovado pelo Congresso dos Estados Unidos da América.

22

Black Power

Não demorou muito para que um racismo transformado se mostrasse, mas também não demorou muito para que uma revolta transformada surgisse para encarar e olhar esse racismo nos olhos. Na verdade, esse racismo foi encarado com um pouco mais que um olhar de mau. Vejam, cinco dias depois que o Voting Rights Act foi assinado, houve uma explosão social na vizinhança de Watts, Los Angeles, quando um incidente policial desencadeou seis dias de violência.* Essa viria a se tornar a rebelião mais mortal e destrutiva da história. Chega. Chega! Chega de manifestações. Chega de marchas. O pássaro parou de bicar e se transformou em uma pantera com os dentes à mostra.

Enquanto Watts queimava, Angela Davis embarcava em um navio para a Alemanha para se graduar em filosofia. Logo depois que ela chegou, em setembro de 1965, um grupo internacional de acadêmicos se reuniu em Copenhagen para a Conferência sobre Raça e Cor. Davis não compareceu. Mas se tivesse comparecido, ela teria ouvido palestras sobre o papel racista do simbolismo da linguagem. Os acadêmicos apontaram expressões cotidianas, como

---

* Entre 11 e 16 de agosto de 1965, Watts foi palco de um enorme levante pelos direitos civis. O incidente que desencadeou as revoltas foi a detenção de Marquette Frye (1944-1986), um jovem negro de 21 anos, por supostamente estar dirigindo embriagado. A abordagem policial truculenta e racista acabou resultando na prisão de Frye, de sua mãe e de seu irmão. [N. T.]

ovelha negra, *lista negra*, *mercado negro*, entre outras, que há muito tempo associavam a negritude a algo negativo. Duas outras palavras poderiam ter sido incluídas — palavras que existem até hoje: *minoria*, como se as pessoas negras fossem menos, o que torna os brancos maiores; e *gueto*, um termo originalmente empregado para descrever regiões desvalorizadas de uma cidade em que judeus eram obrigados a morar. Mas no contexto racista dos Estados Unidos, *gueto* e *minoria* se tornaram sinônimos de *negro*. E todas essas três palavras pareciam cortar como lâmina.

Quer dizer, até surgirem pessoas como Stokely Carmichael.

Carmichael nasceu em Trinidad e Tobago, no ano de 1941, e se mudou para o Bronx em 1952, no mesmo ano em que seu ídolo, Malcolm X, saiu em liberdade condicional da prisão. Em 1964, Carmichael se graduou na Howard University. Na época, os discípulos de Malcolm, incluindo Carmichael, diziam que a palavra *Negro* (em inglês) servia para descrever os negros assimilacionistas, e que *Black* se referia aos antirracistas e anulava a feiura e o mal associados ao primeiro termo. Agora eles abraçavam apaixonadamente o termo *Black*, o que chocou os discípulos de Martin Luther King Jr. e seus pais e avós assimilacionistas, que preferiam ser chamados de *Nigger* (termo considerado controverso, quando não, extremamente racista) em vez de *Black*.*

Carmichael era o tipo de cara que preferia ser dado como morto do que ser considerado medroso. Ele era o mais novo presidente do SNCC. E um ano depois das revoltas de Watts, ele e o SNCC compareceram a um evento em Greenwood, Mississippi, chamado Marcha Contra o Medo. Foi nesse evento que Carmichael disse uma frase transformadora: "A partir de agora, dizemos 'poder preto'!".

Black Power. E quando as pessoas negras — especialmente as marginalizadas, mas também as antirracistas — ouviram essa frase

---

* O uso desses termos por e entre pessoas negras nem sempre é entendido como ofensivo, ainda que haja oposição em relação a qualquer uso da palavra. Contudo, seu uso por uma pessoa não negra para se referir a uma pessoa negra é considerado deliberadamente racista.

e juntaram com a autobiografia de Malcolm X (*Black Power* basicamente resume o livro), o *Black Power* se tornou uma intensa chama iluminando a comunidade negra e consumindo a comunidade branca. Bem, talvez não consumindo de verdade, mas definitivamente esquentou algumas bundas.

O que Stokely Carmichael quis dizer com *Black Power* foi:

PESSOAS NEGRAS POSSUINDO E CONTROLANDO SUAS VIZINHANÇAS E FUTUROS, LIVRES DA SUPREMACIA BRANCA.

E o que as pessoas brancas e a mídia (racistas) ouviram foi:

SUPREMACIA NEGRA.

E mais uma vez a simples noção de ideias antirracistas foi confundida de propósito com um extremismo cheio de ódio. Até líderes do movimento pelos direitos civis, como Roy Wilkins da NAACP, foram contra o mantra *Black Power*. Wilkins pensou que se tratava de algo como um "Mississippi reverso" ou um "Hitler reverso". Ele era uma das pessoas negras que Malcolm X chamava de *Negro* (em inglês).

Apesar de todo vômito assimilacionista que saía da boca das elites negras e de todo vômito racista que saía da boca dos segregacionistas brancos, Carmichael e seu mantra *Black Power* seguiram adiante. Ele viajou pelo país, discursando e construindo o movimento. Mas outro movimento estava surgindo ao mesmo tempo.

Oakland, Califórnia. Dois jovens frustrados começaram o próprio movimento. Eles se chamaram de Partido dos Panteras Negras pela Autodefesa.

Certeza que vocês já viram as fotos. Hoje em dia eles aparecem em camisetas e cartazes, espalhados aleatoriamente por todos os lugares, como se os Panteras Negras fossem personagens da Disney. E eles não foram. Seus chapéus e jaquetas de couro pretos, os óculos escuros e as armas foram reais. Huey P. Newton e Bobby Seale não eram personagens. Eram homens, e homens de saco cheio. Então eles elaboraram uma plataforma com dez pontos pelos quais eles lutariam no recém-formado Partido dos Panteras Negras pela Autodefesa.

A PLATAFORMA DOS DEZ PONTOS (parafraseada):

1. Poder para determinar o destino de nossa comunidade negra.
2. Pleno emprego.
3. Um fim aos assaltos do governo à comunidade negra.
4. Moradia digna.
5. Educação de qualidade.
6. Isenção do serviço militar para todos os homens negros.
7. Fim imediato da brutalidade policial e do assassinato de pessoas negras.
8. Liberdade para todos os presidiários negros.
9. Todas as pessoas negras sob julgamento deveriam ser julgadas por um júri composto por seus pares.
10. Paz e representação negra nas Nações Unidas.

Nos anos seguintes, o Partido dos Panteras Negras se espalhou aos poucos pelo país, atraindo milhares de jovens membros da comunidade comprometidos e carismáticos. Eles policiavam a polícia, distribuíam café da manhã para crianças e organizavam programas de saúde e de educação política, entre uma série de outras iniciativas.

E enquanto o Partido dos Panteras Negras rugia e o movimento Black Power uivava, Angela Davis estava na Alemanha acompanhando tudo. Finalmente, quando não aguentou mais ficar de fora da ação, ela fez as malas e voltou para os Estados Unidos.

Era verão de 1967, e Angela Davis estava viajando para a Califórnia. Para a University of California em San Diego, para ser mais exato. E assim que chegou lá, ela se instalou e ampliou o movimento Black Power, iniciando imediatamente uma união de estudantes negros no campus. Seja lá onde estivessem, os estudantes negros estavam criando uniões desse tipo ou assumindo organizações estudantis, solicitando e demandando uma educação antirracista e relevante nas universidades historicamente negras *e* historicamente brancas.

Os mais diferentes tipos de posicionamento se engajaram com o movimento Black Power. Separatistas, pan-africanistas e tudo o que se encontrava no meio. O Black Power atraiu até mesmo a figura à frente do movimento pelos direitos civis. Isso mesmo, até o Dr. King, em 1967, estava se afastando do pensamento assimilacionista, da mesma forma que W. E. B. Du Bois fez no fim de sua vida. O Dr. King percebia então que a dessegregação era boa apenas para a elite negra, enquanto todo o resto era prejudicado. A dessegregação abandonou milhões à pobreza. Então King mudou de marcha e começou a planejar a Poor People's Campaign [Campanha dos Pobres] da Southern Christian Leadership Conference [Conferência da Liderança Cristã do Sul]. O objetivo dele era levar as pessoas pobres para Washington, D. C., a fim de forçar o governo a passar um "projeto de lei pelos direitos econômicos" comprometido com o pleno emprego, garantia de renda e moradia acessível, um projeto bem parecido com as propostas econômicas da plataforma dos dez pontos dos Panteras Negras.

Obviamente, King foi criticado. Pelo próprio povo.

Obviamente, a fúria e o medo brancos faiscaram. Eram muitos protestos. Direitos civis. Pessoas pobres. Guerra do Vietnã. *Protestos demais.*

Obviamente, houve um momento midiático, um fenômeno da cultura pop como *O nascimento de uma nação* ou *Tarzan*, que serviu para avisar os brancos que eles deviam pegar em armas e ficar com medo, e também para fazer arrepiar a confiante espinha dorsal da população negra, como forma de lembrar qual era o seu lugar. Dessa vez, em 1968, o filme foi chamado de *Planeta dos macacos.*

Aqui vai a sinopse:

1. Astronautas brancos pousam em um planeta depois de uma jornada de 2 mil anos.

2. Eles são escravizados por macacos.

3. Acontece que eles não estão em um planeta distante. Eles estão na Terra.

4. *(Nãooooooooooooooooooo!)*

Enquanto *Tarzan* levou a conquista racista da África e dos africanos para as telas, *O planeta dos macacos* alimentou o fogo do medo racista ao mostrar um mundo preto se revoltando contra o conquistador branco. E que nem *Tarzan*, *O planeta dos macacos* explodiu. Se tornou um megassucesso, com sequências, quadrinhos e comercialização. E fácil assim, o discurso do governo dos Estados Unidos passou a ser o de defesa do "planeta" *deles*. O Black Power foi confrontado por um novo slogan, que foi cuspido como um xingamento racista. Lei e ordem.

Uma semana depois, no dia 4 de abril, Angela Davis estava no novo escritório do SNCC em Los Angeles. A divisão recentemente organizada do SNCC foi seu novo lar ativista enquanto ela esteve indo e voltando entre Los Angeles e San Diego, para seu doutorado na University of California. Nessa tarde, ela ouviu um grito. Após o grito, veio a notícia. O Dr. King, depois de pronunciar um discurso que fez menção a uma "revolução dos direitos humanos", tinha sido morto com um tiro.

A morte de King transformou incontáveis ativistas duplamente conscientes em antirracistas com uma consciência única, e o Black Power de repente se tornou o maior movimento antirracista de que temos história nos Estados Unidos. Havia uma mudança acontecendo.

James Brown fez uma música que insistia para todo o mundo declarar em voz alta seu orgulho em ser negro: *Say It Loud — I'm Black and I'm Proud*. Os negros começaram a se afastar do colorismo e alguns voltaram atrás completamente. Quanto mais negro, melhor.

Quanto mais crespo o cabelo, melhor. Quanto mais africanas as roupas, melhor.

De 1967 a 1970, estudantes negros e centenas de milhares de aliados não negros obrigaram faculdades e universidades de quase todos os estados do país a introduzir departamentos, programas e cursos voltados para os Estudos Negros. A demanda pelos Estudos Negros também se infiltrou nas escolas de ensino regular, onde os livros didáticos ainda representavam os afro-americanos como pessoas escravizadas sub-humanas e contentes. Os primeiros intelectuais dos Estudos Negros se puseram a trabalhar em novos livros antirracistas. Os Estudos Negros, e as ideias do movimento Black Power, no geral, também começaram a inspirar transformações antirracistas entre pessoas não negras. Os hippies brancos, que tinham sido contra a Guerra do Vietnã, agora estavam começando a se comprometer a (tentar) tirar a influência que o racismo exercia sobre os estadunidenses brancos. Porto-riquenhos antirracistas e seu emergente *Brown Power* também desafiaram a hierarquia da cor. E enquanto o movimento continuava a crescer, Angela Davis estava testando a temperatura de outras águas.

Vejam, o movimento Black Power não era perfeito, obviamente. E embora tivesse uma causa justa, ainda era sexista. Os homens dominavam tudo. As mulheres eram colocadas de escanteio, como vinham sendo colocadas em todos os movimentos de libertação da história. Então, Davis começou a pensar seriamente em se juntar ao Partido Comunista, na época temido pelo governo estadunidense, que pensava que os comunistas (e o comunismo, então baseado na abolição das classes sociais) iriam acabar com a democracia. Davis, uma seguidora dos ideais revolucionários comunistas, achava que o Partido Comunista não dava atenção suficiente para a questão racial. Mas havia um coletivo de comunistas racializados que estavam atentos. O Che-Lumumba Club. Eles foram o empurrãozinho de que ela precisava para se juntar ao partido. Sua primeira tarefa foi trabalhar na campanha da primeira mulher negra a concorrer para a presidência dos Estados Unidos, a candidata Charlene Mitchell.

Na eleição presidencial de 1968, Mitchell competiu contra o vice-presidente de Lyndon Johnson, Hubert Humphrey. Richard Nixon concorreu na chapa eleitoral republicana. E sua campanha inovadora revelaria o futuro das ideias racistas.

23

Foi caso de assassinato

Richard Nixon e seu time viram como George Wallace encaminhou sua campanha (*Voto pelo ódio!*) e sentiram que era uma boa ideia seguir os passos dele. Nixon acreditava que a abordagem segregacionista era uma boa porque eliminaria a concorrência entre os segregacionistas convictos. Tipo, todo aquele time de racistas. E junto com eles, Nixon achou que também podia atrair os brancos que temiam... tudo o que fosse negro. Bairros negros. Escolas negras. Pessoas... negras. E a brilhante estratégia (*argh*) que Nixon usou para cavar um abismo ainda maior e colocar os racistas do lado dele foi simplesmente humilhar os negros em cada um dos seus pronunciamentos, enquanto exaltava os brancos. Mas o truque de mágica — a parte de "mas como foi que você escondeu o coelho nessa cartola?" — foi que ele fez tudo isso sem realmente dizer "pessoas negras" e "pessoas brancas".

Isso faz lembrar coisas como a palavra *gueto*.

E hoje em dia talvez vocês ouçam *urbano*.

E o que acham de *indesejáveis*?

Ah, e minha favorita (só que não): *elementos perigosos*.

Que eventualmente se tornariam *bandidos*.

Minha mãe diria que ele fez tudo isso para "passar por cima dos outros", mas pelo bem deste livro de história *não histórico*, vamos seguir com o nome que os historiadores deram: "estratégia sulista". E na verdade essa foi — e continuou sendo nas próximas cinco décadas — a estratégia nacional que os republicanos usaram para unir racistas do Norte e do Sul, pessoas a favor da guerra, conservadores fiscais e sociais. A estratégia veio na hora certa. Com a estratégia sulista a todo vapor e com toda aquela mensagem de lei e ordem — o que significava acabar com os protestos, ou pelo menos pintá-los como banhos de sangue —, Richard Nixon levou a presidência.

No outono de 1969, depois de ter passado pela campanha de Charlene Mitchell, Angela Davis assumiu um cargo de professora da University of California em Los Angeles (UCLA). Mas o Federal Bureau of Investigation [Departamento Federal de Investigação] (FBI) tinha outros planos. J. Edgar Hoover, o diretor do FBI, tinha começado naquele ano uma guerra para destruir o movimento Black Power. E tudo o que eles precisaram para cortar Davis foi saber que ela fazia parte do Partido Comunista. Ronald Reagan, governador da Califórnia na época, fez Angela ser demitida da UCLA. Quando ela tentou apelar, sua tentativa de defesa iniciou um escândalo midiático. Cartas de ódio começaram a encher a caixa de correio dela. Davis recebia ameaças por telefone, e policiais começaram a persegui-la. E ainda que a Suprema Corte da Califórnia tenha anulado sua demissão, permitindo que ela voltasse ao trabalho, Reagan procurou novas formas de se livrar dela.

E teria sucesso. Pela segunda vez, ele a demitiu por Davis ter falado em defesa de três presos negros da prisão estadual de Soledad, que, segundo ela, tinham sido detidos apenas por ser ativistas do movimento Black Power. Eis o que aconteceu. George Jackson foi transferido de San Quentin para Soledad por causa de umas infrações. Ele já tinha cumprido alguns anos, depois de ter sido acusado de roubar setenta dólares de um posto de gasolina. A sentença que ele pegou por esse crime — um ano de prisão perpétua. Em 1970, um ano depois de chegar em Soledad, Jackson e seus companheiros de prisão, John Clutchette e Fleeta Drumgo, foram acusados de assassinar um guarda da prisão durante uma briga iniciada por questões raciais. Qualquer chance de liberdade que ele tivesse estava agora trancada com ele atrás das grades.

Angela Davis fez amizade com o irmão mais novo de George Jackson, Jonathan, que estava comprometido a libertar o irmão. Eles organizavam manifestações. Angela Davis discursava. Eles lutavam por uma boa causa. Mas isso não era suficiente para Jonathan Jackson, irmão de George. Então, ele decidiu conquistar a liberdade do irmão com as próprias mãos.

Isto é real.

Prestem atenção.

Vai ser rápido.

7 de agosto de 1970.

Jonathan Jackson entrou em um tribunal no Condado de Marin, Califórnia.

Ele portava três armas.

Ele fez de reféns o juiz, o promotor e três jurados.

Ele libertou três presos que estavam sendo julgados.

Ele conduziu os reféns para uma van estacionada do lado de fora.

A polícia abriu fogo.

O tiroteio tirou a vida do juiz, de dois presos e também de Jonathan Jackson.

Ele tinha dezessete anos.

Uma semana depois, Angela Davis foi acusada de assassinato.

Volta a fita. Repete.

Uma semana depois, Angela Davis foi acusada de assassinato. Porque, segundo a polícia, uma das armas usadas por Jonathan Jackson era dela. Se fosse culpada, ela seria sentenciada à morte. Angela fugiu. Ela foi capturada meses depois no outro lado do país. Nova York. Treze de outubro de 1970. Ela foi presa e levada para a Casa de Detenção Feminina de Nova York. Enquanto esteve lá, rodeada por tantas mulheres negras e racializadas encarceradas, ela começou a desenvolver sua teoria do feminismo negro.

Do outro lado dos muros da prisão, organizações lutavam e se manifestavam pela sua liberdade. E esses gritos de guerra continuaram até depois de dezembro de 1970, quando Davis foi transferida para a Califórnia, onde passou grande parte de seu tempo na prisão na solitária, à espera de julgamento. Ela leu as cartas — milhares de cartas — de ativistas e apoiadores. Ela também estudou o próprio caso. Estudou, estudou e estudou. Um ano e meio depois, seu julgamento finalmente teve início.

Davis representou a si mesma. E ganhou.

Em 4 de junho de 1972, Angela Davis foi libertada. Só que não. Na cabeça dela, não estaria livre até conseguir ajudar todas as mulheres e homens atrás das grades a conseguir liberdade. Para ela, não havia valor em sua excepcionalidade. Ela era antirracista. Ela sabia fazer mais que lamentar quando havia um desafio muito maior a ser vencido. Correntes muito mais fortes para serem quebradas.

Três anos depois, Angela Davis voltou a lecionar. Nixon havia renunciado ao cargo por causa de um escândalo pelo qual ele não foi punido (nenhuma surpresa) e Gerald Ford ocupou a presidência. Vou contar aqui, pois provavelmente vocês devem estar se perguntando o que aconteceu com Nixon. Acontece que ele era... um mentiroso e, como minha mãe diria, *passou por cima dos outros*. Bem, Davis conseguiu um trabalho no Claremont Colleges Black Studies Center, no sul da Califórnia, e logo percebeu que as coisas não tinham mudado muito desde sua partida. Os segregacionistas ainda argumentavam que pessoas negras tinham um problema nato. E os assimilacionistas ainda estavam tentando descobrir por que a integração tinha falhado. E uma coisa que os acadêmicos negros assimilacionistas continuavam a afirmar era que a masculinidade negra era o que dava tanto medo nos homens brancos. Que a inveja sexual era responsável pela opressão sistêmica, o que é ridículo, pois isso afirma a ideia racista de que os homens negros são sexualmente superiores (o que os torna super--humanos, o que os torna *não* humanos) e também dá seguimento à narrativa de que as mulheres negras simplesmente não importam. As mulheres negras não tinham um lugar nessa conversa, embora elas tenham sido o esteio desde o início da conversa. Tudo isso estava de acordo com décadas — séculos! — de propaganda racista. Séculos de homens brancos, e mulheres brancas, e homens negros, todos trabalhando para apagar ou desmerecer quem eles pensavam que representava a maior ameaça à sua liberdade, mesmo que fosse apenas — no caso dos homens negros — a liberdade de fingir que eram mais livres do que eram na realidade.

E a comunidade LGBTQIA+? Essa galera não devia ser incluída na conversa? Felizmente, tínhamos... a mídia. Mas não mais um *Tarzan* ou um *Planeta dos macacos*. Nem outra *Cabana do pai Tomás*, não. Agora, seria algo tipo a romancista Zora Neale Hurston, que no passado inscreveu o dialeto sulista nas bocas de personagens femininas fortes (em *Seus olhos viam Deus*), as mulheres negras clamavam com seus trabalhos feministas e antirracistas.

Audre Lorde escreveu ensaios, crônicas e poemas a partir de sua perspectiva de mulher negra e lésbica. Lorde resistiu à ideia de que ela, enquanto negra, mulher e lésbica, deveria educar brancos, homens e/ou heterossexuais para que essas pessoas reconhecessem sua humanidade.

Ntozake Shange usou sua energia criativa e antirracista para produzir uma peça, *For Colored Girls Who Have Considered Suicide/ When the Rainbow Is Enuf* [Para meninas racializadas que consideraram o suicídio/Quando o arco-íris é suficiente], que retrata a vida de mulheres negras e suas experiências de abuso, alegrias, corações partidos, força, fraqueza, amor e desejo de amar. Algumas pessoas tiveram receio de que a peça fosse reforçar estereótipos atribuídos às mulheres negras. Outras tiveram receio de que a peça fosse reforçar estereótipos atribuídos aos homens negros. E tanto um receio quanto o outro, na realidade, seriam o medo da verdade antirracista disfarçado.

Alice Walker escreveu *A cor púrpura*, um romance que representa mulheres negras lidando com homens negros abusadores, a pobreza sulista opressora e pessoas brancas racistas e abusivas. A velha discussão sobre os estereótipos masculinos negros surgiu mais uma vez. Mas... e daí?

E Michele Wallace escreveu um livro chamado *Black Macho and the Myth of the Superwoman* [Macho negro e o mito da supermulher]. Wallace acreditava que o sexismo era uma preocupação ainda maior que o racismo. Ela foi amada, mas foi igualmente odiada.

E enquanto a ideia de uma masculinidade negra era desafiada pelas mulheres negras, a masculinidade branca estava sendo constantemente ameaçada pelos homens negros. Então, mais uma vez, a branquitude estadunidense criou um símbolo de esperança. Um símbolo do "homem". Quero dizer, HOMEM. Do macho. Do vitorioso. E colou essa imagem na telona. De novo. Agora, seu nome era Rocky.

Tenho certeza de que vocês já viram pelo menos um dos filmes, mesmo que seja um dos mais novos. E se não viram, conhecem a música. Aquela música que toca enquanto Rocky sobe correndo a escadaria de um museu, treinando, morrendo de cansaço, mas triunfante. Sim.

Rocky, interpretado por Sylvester Stallone, é um ítalo-americano da Filadélfia, um cara pobre, gentil, de fala mansa, lento, humilde, trabalhador, que enfrenta um afro-estadunidense campeão mundial de pesos-pesados rude, falador, ligeiro e exibido. Tipo, sério? O oponente de Rocky, Apollo Creed (os filmes mais novos falam do filho dele), com sua incrível tempestade de socos, simbolizava os movimentos de empoderamento, a ascendente classe média negra e o campeão mundial de pesos-pesados da vida real, que levou o título em 1976, o orgulho da mâsculinidade Black Power, Muhammad Ali. Rocky simbolizava o orgulho da masculinidade branca supremacista, que se recusava a ser nocauteada pela tempestade dos direitos civis e pelos protestos e políticas do movimento Black Power.

Semanas antes de os estadunidenses saírem correndo para assistir *Rocky*, no entanto, as pessoas saíram correndo para comprar o livro de Alex Haley, *Negras raízes: a saga de uma família*. Haley, conhecido por ter trabalhado com Malcolm X em sua autobiografia, tinha então basicamente escrito a história de escravos de todas as histórias de escravos. Esse livro de setecentas páginas foi transformado em uma minissérie que se tornaria o programa mais assistido da história da televisão. E detonou um monte de ideias racistas sobre como os escravizados eram brutos preguiçosos, mães pretas e *sambo** dos brancos, e sobre como os senhores de escravos eram benevolentes e gentis... senhorios. Mas assim como as pessoas negras antirracistas amaram suas *Raízes*, os racistas brancos estadunidenses amaram — dentro e fora das telas — seu Rocky, com sua luta implacável a favor da lei e da ordem do racismo. E então, em 1976, esse Rocky concorreu à presidência.

---

* *Sambo* é um estereótipo, extremamente negativo, onde negros seriam servis, bajuladores, cabeça fraca, humildes, preguiçosos, dependentes, propensos a mentir e roubar, dóceis, bobalhões sorridentes e infantis. Mais um dos estereótipos utilizados para justificar a escravização: o estereótipo do escravizado feliz e infantilizado que depende de seu senhor.

Em 1899, foi publicado um livro da escritora escocesa Helen Bannerman, *Little Black Sambo*, que retratava as aventuras de um menino negro indiano (os britânicos chamavam os indianos de *black* também) e obviamente era um apanhado de estereótipos racistas disfarçado de livro infantil.

Em 1957, é criada uma rede de restaurantes estadunidense chamada Sambo's, que logo capitalizou sua relação com a famosa história de Bannerman e passou a utilizar a imagética do livro (que tem personagens negros, elementos indianos e africanos) de forma pejorativa para fazer logos, propagandas etc. da marca.

Calhou que o termo foi sendo usado e repensado com o tempo como uma forma pejorativa de se referir a uma pessoa negra (homens em especial) que fazem de tudo para chamar a atenção dos brancos, para fazer parte da branquitude — daí o "pau--mandado", uma gíria bastante utilizada por aqui nesse contexto. [N. E.]

24

Que guerra contra as drogas?

Não tipo o Rocky, Rocky. Tipo, não o personagem ou o cara que interpretou o personagem, Sylvester Stallone (teria sido engraçado — ou não). Mas foi, de fato, um ator. E um ator que já tinha prejudicado pessoas negras. Aquele que já tinha mirado em Angela Davis. Que a impediu de trabalhar. É isso mesmo, Ronald Reagan estava concorrendo à presidência. Ele perdeu sua nomeação para Gerald Ford em 1976, mas voltaria nos anos 1980 para uma revanche. Ele empregou uma versão atualizada das políticas em prol da *lei e da ordem* e a estratégia sulista para se dirigir aos seus eleitores e falar sobre seus inimigos sem nunca ter que dizer branco ou negro. Ele dominou a mídia (Angela Davis estava concorrendo contra ele, como vice-presidente, e não conseguiu nenhuma cobertura), criou narrativas falsas sobre a situação do país e ganhou.

E várias coisas se desdobraram daí. Novas e questionáveis propagandas, que muitas pessoas levaram a sério, afirmavam que a genética nos codificava para ser quem somos. Como se existisse um gene para o racismo. Um novo pensamento feminista e antirracista estava sendo produzido por escritoras como bell hooks e, claro, Angela Davis. Mas nada poderia ter preparado as pessoas para o que estava por vir.

Em seu segundo ano na presidência, Reagan emitiu uma das ordens executivas mais devastadoras do século XX. A guerra contra as drogas. Seu objetivo: estabelecer pena máxima para drogas como a maconha. Essa guerra era, na verdade, uma guerra contra as pessoas negras. Os crimes relacionados a droga na época estavam diminuindo. A propósito, apenas dois por cento da população via as drogas como a questão mais urgente do país. Poucas pessoas acreditavam que a maconha era assim tão perigosa, especialmente quando comparada à muito mais viciante heroína. Mas por que o presidente Reagan queria ir para a guerra de qualquer maneira? E por que contra as drogas?

Se vocês são como eu, devem estar se perguntando: *Ele estava bem louco de droga?* Sim. Sim, ele estava. E da droga mais viciante já conhecida. Racismo. Essa droga causa enriquecimento, um senso inflado de autoestima e alucinações. E, nesse caso, iria encarcerar injustamente milhões de afro-estadunidenses. Em 1986, em seu segundo turno, Reagan dobrou suas apostas na guerra contra as drogas ao aprovar o Anti-Drug Abuse Act [Lei Antiabuso de Drogas]. Essa lei previa uma sentença mínima de cinco anos para um traficante ou usuário de drogas que fosse surpreendido com cinco gramas de crack, a quantidade tipicamente portada por pessoas negras e pobres, enquanto a maioria dos usuários e traficantes de cocaína brancos e ricos — que operavam em bairros com menor policiamento — tinham de ser surpreendidos com meio quilo da droga para receber a mesma sentença mínima de cinco anos.

Vamos avaliar essa informação.

Era a mesma droga, mas numa forma diferente.

Uma pessoa pega cinco anos de prisão se for pega com cinco gramas (tipo o tamanho de duas moedas de 25 centavos).

A outra pega cinco anos de prisão por meio quilo (tipo um tijolo).

Os resultados deviam ser óbvios. Encarceramento em massa da população negra, ainda que brancos e negros estivessem vendendo e usando drogas em quantidades similares. Sem mencionar que os policiais estavam policiando ainda mais os bairros negros, e quanto mais polícia, mais prisões. Não é um cálculo tão difícil de se fazer. É racismo. E o racismo iria, mais uma vez, despedaçar a comunidade negra. Mais homens negros estavam sendo presos, e quando (e se) voltavam para casa, eles não tinham mais o direito de votar. Não tinham voz política. Também não tinham emprego. Não só por causa das acusações criminais, mas porque as políticas econômicas de Reagan fizeram as taxas de desemprego dispararem. Então os crimes violentos aumentaram porque as pessoas estavam passando fome. E, segundo Reagan e os racistas, era tudo culpa das pessoas negras, e não das políticas racistas que as imobilizavam.

E a mídia, como sempre, promoveu os estereótipos sem discutir a estrutura racista que criou muitos deles. Mais uma vez, as pessoas negras eram preguiçosas e violentas, os homens eram ausentes de suas casas porque eram irresponsáveis e negligentes, e as famílias negras eram enfraquecidas por tudo isso, mas, especialmente, segundo Reagan, por causa da assistência social. Não havia nenhuma evidência que comprovasse nada disso, mas, ei, quem precisa de evidências quando se tem poder, certo?

A pior parte foi que todo mundo acreditou nisso. Até as pessoas negras. E para compensar essa imagem, ou pelo menos tentar, foi criado outro programa de televisão que retratava a família negra perfeita.

The Cosby Show.

Um médico e uma advogada com cinco filhos, que moram na vizinhança rica de Brooklyn Heights. Classe média alta. Casamento sadio. Bons pais. O pai, Heathcliff Huxtable, interpretado por Bill Cosby, trabalha em casa, de forma a nunca precisar correr o risco de não estar ali quando os filhos precisarem. Tem a filha mais velha e responsável; a filha do meio rebelde; o filho bobo, mas encantador; a terceira filha desajeitada e nerd; e a fofa e adorável caçula. E seu papel coletivo enquanto uma família negra extraordinária era convencer as pessoas brancas de que as famílias negras eram mais do que a imagem que pintavam delas. O que, óbvio, era racista por si só, porque basicamente afirmava que se uma família negra não fosse como os Huxtables, então essa família não era digna de respeito.

E, obviamente, os Cosby não fizeram nada para deter a guerra de Reagan. Pelo contrário, o programa ajudou a criar uma visão mais polarizada porque, em 1989, Charles Krauthammer, vencedor do Prêmio Pulitzer, diplomado em medicina por Harvard e colunista do *Washington Post*, inventou o termo *crack baby* [bebê do crack]. Foi um termo usado para abarcar uma geração de crianças negras nascidas de pais viciados em drogas, para dizer que essas crianças eram então destinadas à inferioridade. Que eram crianças sub-humanas. Que as drogas tinham modificado sua genética. Não havia nenhum dado científico para provar isso. Mas quem precisa da ciência quando se tem o racismo? E esse termo, esse rótulo, *crack baby*, ganhou longos braços e envolveu as crianças negras por todas as cidades do país, sendo verdade ou não. Krauthammer e os racistas tinham basicamente descoberto como criar uma geração de criminosos dentro da cabeça deles.

Mas as pessoas negras, como sempre, revidaram. E, dessa vez, no fim dos anos 1980, depois da eleição de George H. W. Bush (que, óbvio, usou as ideias racistas de Reagan para se eleger), elas iriam rebater o racismo com... uma batida.

25

A trilha sonora da dor e da subversão

1988.

My mic sounds nice. (Check one.)

*My mic sounds nice. (Check two.)**

Vem aí o hip-hop. E nesse ano já fazia quase uma década desde seu nascimento no sul do Bronx. A Black Entertainment Television (BET) e a Music Television (MTV) começaram a transmitir shows de hip-hop. A revista *Source* chegou nas bancas naquele ano, iniciando seu reinado como o periódico de rap — ainda em atividade! — mais antigo do mundo. Mas era a própria música que estava conduzindo a mudança e o empoderamento.

Aqui vão algumas músicas daquele ano (dá um confere nelas!):

Slick Rick: "Children's Story" [História de criança]

Ice-T: "Colors" [Cores]

N.W.A.: "Straight Outta Compton" [Direto de Compton]

---

* Em inglês no original: "Meu microfone tá massa (teste um)/Meu microfone tá massa (teste dois)". Abertura da música *My mic sounds nice*, lançada em 1986 pelo trio feminino de rap Salt-N-Pepa, formado em 1985 no Queens, Nova York. [N. T.]

Boogie Down Productions: "Stop the Violence" [Pare a violência]

Queen Latifah: "Wrath of My Madness" [Ira da minha loucura]

Public Enemy: "Don't Believe the Hype" [Não acredite na mídia]

E seria o Public Enemy que realmente daria o tom no ano seguinte. Em 1989, o grupo escreveu uma música que apareceu em *Faça a coisa certa*, um filme de revolta negra do diretor Spike Lee. A música se tornou um poderoso mantra. Uma versão atualizada do *Black Power!*, de Stokely Carmichael, e do *Say It Loud — I'm Black and I'm Proud*, de James Brown. Para a nova geração de viciados em hip--hop e adolescentes negros rebeldes e com raiva dos abusos racistas que sofriam, era a música "Fight the Power" [Enfrente o poder] do Public Enemy.

E com todo o pensamento feminista negro, incluindo o trabalho de Kimberlé Williams Crenshaw, com seu foco na interseccionalidade entre raça e sexo, rappers mulheres, como MC Lyte e o grupo Salt-N-Pepa, ocuparam seus lugares no palco do hip-hop. Na verdade, elas se saíram melhores que as mulheres em Hollywood porque, pelo menos, a arte delas circulava em massa. Além do pioneiro *Filhas do pó*, de Julie Dash, apenas homens negros dirigiram grandes produções negras em 1991. Incluindo filmes ilustres como *New Jack City: a gangue brutal*, de Mario Van Peebles; a tragédia antirracista de estreia do diretor John Singleton, *Os donos da rua*; e uma aclamada sátira de relacionamentos inter-raciais de Spike Lee, *Febre da selva*.

Homens negros produziram mais filmes em 1991 do que durante toda a década de 1980. Mas um branco, George Holliday, filmou o filme racial mais influente do ano no dia 3 de março, da varanda de seu apartamento em Los Angeles. Ele filmou um homem negro de 25 anos, Rodney King, sendo brutalmente espancado por quatro policiais de Los Angeles.

O público — o público negro — ficou desolado. Os diques que detinham as águas de uma indignação justa desmoronaram diante da visão dos cassetetes daqueles policiais.

Quanto mais somos capazes de aguentar?

Quanto mais?

O presidente Bush se esquivava da questão. Nomeou um juiz negro para a Suprema Corte, Clarence Thomas, para suceder Thurgood Marshall, que tinha sido o primeiro afro-americano na Suprema Corte e o advogado do caso Brown vs. Conselho de Educação (1954), como se isso fosse servir para pacificar uma comunidade negra furiosa e magoada. E para piorar, Clarence Thomas era um assimilacionista no pior sentido do termo. Ele via a si mesmo como o rei da autoconfiança. Um cara do tipo "faça por merecer", embora sua atuação como ativista o tenha colocado dentro das escolas chiques que ele frequentou e dado a ele aquele trabalho chique que ele tinha. E a cereja racista do bolo: Clarence Thomas tinha sido acusado de assédio sexual por uma mulher chamada Anita Hill, que trabalhou como assistente dele em um trabalho anterior. Nada foi feito. Ninguém acreditou nela. Na verdade, ela foi perseguida.

Então, em 1991, Angela Davis estava abalada. Seu ano havia começado com o espancamento brutal de Rodney King (os policiais estavam em julgamento nesse ponto) e terminou com a humilhação verbal de Anita Hill (no fim, Thomas foi confirmado como juiz da Suprema Corte). Como se a lembrança de ser negra e mulher já não fosse uma dupla pancada, o ano também terminou com Davis em um lugar não familiar. Ela tinha aceitado um novo cargo de professora na University of California em Santa Cruz e se afastou do Partido Comunista depois de passar 23 anos como a mais conhecida comunista do país. O partido se recusou a reconhecer as questões pelas quais Davis tanto lutou para trazer à tona. Racismo. Machismo. Elitismo. Todas as coisas que o Partido Comunista acabou perpetuando. Então ela deixou o partido. Mas Davis não pulou de comunista para democrata. Nem nova democrata, já que o partido estava passando por uma pequena reformulação. Um remix. Uma reforma. Fiscalmente liberal, mas duro de roer quando o assunto era assistência social e crime. E quem liderava esse Novo Partido Democrata era um homem deslumbrante, articulado, calculista e governador do Arkansas chamado Bill Clinton.

O ano era 1992. E quando os policiais que espancaram Rodney King foram declarados inocentes, Clinton já tinha levado fácil sua nomeação democrata. Mas quem era capaz de pensar nisso quando os Estados Unidos haviam acabado de dizer para milhões de pessoas que assistiram ao espancamento de Rodney King que aqueles policiais não tinham feito nada de errado? Então, as pessoas negras foram para as ruas de Los Angeles se rebelar. Seriam necessários 20 mil soldados para detê-las. Bill Clinton culpou os dois partidos políticos por ter falhado com a população negra do país enquanto também culpava a população negra, chamando as pessoas que participavam dos levantes — que viviam uma dor imensa — de vândalos fora da lei.

Cerca de um mês depois, Clinton foi fazer campanha na conferência nacional da Rainbow Coalition [Coalizão Arco-íris],* de Jesse Jackson. Embora Jackson fosse malvisto pelos brancos racistas que Clinton estava tentando atrair para o lado dos novos democratas, quando Jackson convidou a artista do hip-hop Sister Souljah para discursar na conferência, a equipe de Clinton viu isso como uma oportunidade política. A artista de 28 anos do Bronx tinha acabado de lançar seu *360 Degrees of Power* [360 graus de poder], um disco antirracista tão provocativo que fez os filmes do Spike Lee e os discos do Ice Cube parecerem mais um *Cosby Show*.

E a resposta de Clinton para Sister Souljah foi que *ela* estava sendo racista. Foi uma jogada política que emocionou os eleitores

---

* *Rainbow Coalition* ou *National Rainbow Coalition*: coalizão lançada em 1984 pelo reverendo Jesse Jackson, ativista negro, após sua primeira campanha presidencial, para lutar por direitos iguais para todos os estadunidenses. Rev. Johnson afirmou, no discurso de lançamento de sua candidatura em 1983, que "liderança não tem cor ou gênero" (*leadership is colorless and genderless*). [N. E.]

racistas e catapultou Clinton para uma posição de liderança que ele jamais perderia.

No final de 1993, os rappers estavam sob ataque. Eles recebiam críticas de todos os lados, não apenas de Bill Clinton. C. Delores Tucker, uma veterana do movimento pelos direitos civis de 66 anos, e seu National Political Congress of Black Women [Congresso Político Nacional das Mulheres Negras] levaram o debate sobre as imagens midiáticas para um outro nível racista com a forte campanha que fizeram para banir o *gangsta rap*.* Para ela, o rap estava fazendo os negros regredirem. Ela achava que o rap tornava os negros mais violentos, mais materialistas, mais sexuais. Para Tucker, a música tornava seus ouvintes negros e urbanos inferiores, embora ela nunca tenha dito nada sobre os ouvintes brancos do subúrbio.

Enquanto Tucker se concentrava em calar o *gangsta rap*, a historiadora Evelyn Hammonds, do Massachusetts Institute of Technology (MIT), se mobilizava para defender a feminilidade negra contra a difamação. Mais de 2 mil acadêmicas do país inteiro foram até o campus do MIT em 13 de janeiro de 1994 para a conferência *Black Women in the Academy: Defending Our Name, 1894-1994* [Mulheres negras na academia: defendendo nosso nome, 1894-1994]. Angela Davis estava entre elas. Ela estava encarregada de fazer a palestra de encerramento da conferência. Certamente, ela era a acadêmica negra estadunidense mais famosa do país. Mas, o mais importante, ao longo de sua carreira, ela defendeu de forma consistente as mulheres negras, incluindo aquelas que mesmo algumas mulheres negras não queriam defender. Ela tinha sido, pode-se dizer, a voz mais antirracista dos Estados Unidos nas últimas duas décadas, inabalável em sua busca por conhecimentos antirracistas enquanto outros tomavam o caminho mais fácil e racista da culpa negra.

---

* Gênero de rap que teve sua ascensão no fim da década de 1980 nos Estados Unidos. Marcado por batidas pesadas, o conteúdo de suas letras aborda temas como violência urbana, drogas, criminalidade, pobreza e riqueza, atuando também no campo da denúncia e levantando reflexões sobre mudanças sociais e identidade negra. [N. T.]

Em seu discurso, ela propôs um "novo abolicionismo", insistindo para que as pessoas repensassem as prisões e seu funcionamento. Dez dias depois, o presidente Bill Clinton aprovou, basicamente, um novo tipo de escravidão. Uma lei tipo "três *strikes* e você está fora". Essa lei foi chamada de Violent Crime Control and Law Enforcement Act [Lei de Controle de Crimes Violentos e Aplicação da Lei], que fez o tempo fechar para certos infratores de terceira viagem, o que acabou causando o maior aumento da população carcerária da história dos Estados Unidos, principalmente por delitos de droga não violentos. Homens negros em sua maioria. Óbvio, isso mais uma vez abasteceu o tanque do carro "pessoas negras são naturalmente criminosas", um carro que vinha sendo conduzido em alta velocidade por um bom tempo, atropelando tudo que encontrava pelo caminho. Mas havia (outro) debate acadêmico fermentando, questionando se as pessoas negras eram tolas de nascença ou se tinham sido educadas para ser assim. E esse debate em particular teve sérias repercussões políticas para os novos democratas de Clinton, "implacáveis com pessoas negras", e para a nova força da política estadunidense, que prometia ser ainda mais impiedosa.

26

A força de um milhão

Inteligência. O que é isso? Não é uma pegadinha. Ou talvez seja. De qualquer forma, era o que os acadêmicos estavam discutindo enquanto as leis penais de Clinton conduziam a narrativa da falta de inteligência das pessoas negras. Os acadêmicos argumentavam que a inteligência é algo tão relativo que é impossível medi-la de forma realmente justa e não tendenciosa. Ah, não. Essa noção praticamente abalou as fundações das ideias racistas de que negros eram menos inteligentes que brancos. Ou de que mulheres eram menos inteligentes que homens. Ou de que pobres eram menos inteligentes que ricos. Abalou a ideia de que acadêmicos brancos eram melhores e mexeu até mesmo com a noção de que, talvez, a razão pela qual estudantes brancos frequentavam universidades brancas e ricas não fosse pela inteligência, mas por causa do racismo. Por conta de um teste padronizado falho e tendencioso.*

Richard Herrnstein e Charles Murray entram em cena. Eles eram caras de Harvard. E não tolerariam esse tipo de conversa. Não, não, não. Então escreveram um livro que negava tudo isso.

---

* O teste padronizado, chamado de SAT, é um exame feito por estudantes de ensino médio como parte do processo de admissão para a maioria das faculdades e universidades estadunidenses. O SAT é desenvolvido e gerenciado pelo College Board, uma organização privada sem fins lucrativos nos Estados Unidos. [N.T]

O título: *The Bell Curve: Intelligence and Class Structure in American Life* [A curva de Bell: inteligência e estrutura de classes na vida americana]. O livro argumentava que os testes padronizados eram confiáveis e válidos e, o mais importante, justos. O que, então, significava que as pessoas negras, que estavam se saindo desproporcionalmente mal nesses testes, eram intelectualmente inferiores em virtude da genética ou do ambiente. (Eu queria ter alguma coisa nova para falar. Mas, como vocês podem ver, a história toda era uma reciclagem das mesmas ideias racistas. Esses racistas não são pessoas muito originais.)

O ano é 1994. E o livro de Herrnstein e Murray foi publicado na reta final das eleições para senadores, deputados, prefeitos e até xerifes de condados, que acontecem na metade do mandato presidencial nos Estados Unidos. Os novos republicanos lançaram seu extremamente rígido "Contract with America" [Contrato com os Estados Unidos] para recuperar a questão da assistência social e do crime das mãos dos novos democratas de Clinton. (Engraçado como todas as coisas novas parecem tão... velhas.) Charles Murray pulou no barco e começou a reunir eleitores e a fazer campanha para os republicanos, encorajando e justificando o projeto de lei antiassistencialista chamado Personal Responsibility and Work Opportunity Reconciliation Act [Lei de Responsabilidade Pessoal e Reconciliação da Oportunidade de Trabalho].

Responsabilidade pessoal... hmmm.

Era mais uma daquelas *enganações*.

A ordem era simples: pessoas negras, especialmente as pobres, deviam assumir uma "responsabilidade pessoal" por sua situação econômica e pelas disparidades raciais e tinham que parar de culpar o racismo por seus problemas e de depender do governo para resolvê-los. Isso convenceu uma nova geração de estadunidenses de que pessoas negras irresponsáveis, e não o racismo, causavam as desigualdades raciais. E vendeu a mentira de que o racismo não tinha nenhum efeito. Então as pessoas negras deviam parar de reclamar.

A coisa virou um jogo disputado. Os democratas eram duros quando o assunto era crime e assistência social. Os republicanos pesaram mais a mão. Então os democratas pesaram mais. Então os republicanos pesaram mais ainda. E tanto que eles tentaram, mais uma vez, demitir Angela Davis depois que o corpo docente da University of California em Santa Cruz lhe concedeu uma prestigiada cátedra presidencial em janeiro de 1995. Ela ainda era uma ameaça. Mas como ela poderia ser uma ameaça se ao mesmo tempo os republicanos diziam que o racismo tinha acabado? O que ela estava ameaçando? Pelo que ela continuaria lutando? Por que ela precisava ser demitida?

Isso sem mencionar que 1995 foi um ano que deixou evidente que o racismo estava longe de acabar.

Tipo, 1995 foi quando aconteceu tudo aquilo com O. J. Simpson. O julgamento. Eu sei que vocês sabem do que estou falando. Se não sabem, ele foi acusado de ter matado a esposa e o amigo dela, ambos brancos. O julgamento dividiu o país, com negros torcendo pela absolvição de O. J. e brancos, pela sua prisão. Foi como assistir ao pior reality show de todos os tempos.

O ano de 1995 foi quando o termo *superpredador* foi criado por John J. Dilulio, um acadêmico da Princeton University, para descrever adolescentes negros de 14 a 17 anos. As taxas de homicídio tinham aumentado entre essa faixa etária, mas o desemprego também. Obviamente, Dilulio deixou essa parte de fora.

O ano de 1995 foi também quando aconteceu a maior mobilização política da história da população negra estadunidense. A Marcha dos Milhões de Homens. A manifestação tinha sido proposta por Louis Farrakhan, líder da Nação do Islã. E embora tenha sido poderosa em seu alcance, a marcha era falha em seu sexismo, algo que Angela Davis contestou um dia antes do evento.

O ano de 1995 foi quando ativistas se uniriam para defender o preso político negro mais famoso do mundo, Mumia Abu-Jamal. Ele tinha sido condenado pela morte de um policial branco na Filadélfia em 1982, embora se declarasse inocente. Um livro reunindo seus relatos foi publicado em 1995, *Ao vivo do corredor da morte*. Sua execução estava marcada para o dia 17 de agosto de 1995, mas, por causa dos protestos, concederam a Mumia uma suspensão indefinida da execução.

E onde estava Bill Clinton enquanto tudo isso acontecia? Não na Marcha dos Milhões de Homens, certeza. Ele estava no Texas, suplicando aos evangélicos por uma cura racial. Em vez de ouvir pessoas que lidavam com o assunto, ele foi implorar para quem não lidava para que pedissem a Deus que consertasse as coisas. E, óbvio, tudo isso acabou virando um *rezar para Deus dar um jeito nas pessoas negras*. Ainda que um ano depois ações afirmativas fossem banidas da Califórnia, o que tornou o jogo, especialmente no que diz respeito à educação superior, mais desigual. A porcentagem de afro-estadunidenses nos campi da University of California começou a cair, e a pressão pelo fim das ações afirmativas se espalharia, tudo sob o olhar de Bill Clinton.

Um ano depois, em junho de 1997, Clinton fez um discurso em uma formatura na *alma mater* de Angela Davis, a University of California em San Diego. Foi como se de repente ele tivesse visto a luz (a ironia!), se comprometendo a conduzir "o povo estadunidense em uma longa e inédita conversa sobre raça".

Reformistas raciais o aplaudiram.

E as mulheres negras tinham algo a dizer. Uma cutucada. Sabe, para começar a conversa.

E quando eu digo mulheres negras, quero dizer... um milhão delas.

No dia 25 de outubro de 1997, na Filadélfia, um milhão de mulheres negras se juntaram para ter suas vozes ouvidas. A deputada Maxine Waters, Sister Souljah, Winnie Mandela, Attallah e Ilyasah Shabazz (filhas de Malcolm X) e Dorothy Height, todas falaram. Mas os homens brancos também falaram. Não na marcha, mas na mídia. E o que eles disseram em resposta às declarações de Clinton foi que a maneira de consertar o racismo era parar de prestar atenção nele.

Errado!

Mas foi isso o que eles disseram. E esse sentimento deu o tom para o que se tornaria a "cegueira de cor".*

PAUSA.

Respira. Quantos de vocês conhecem aquela pessoa "Eu tenho um amigo negro", que completa a frase com: "Mas eu não me importo com a cor dele".

É. VOLTA.

Essa retórica da cegueira de cor pareceu ter surtido seu efeito pretendido. Segregacionistas e assimilacionistas começaram a favorecer o produto da cegueira quase um século depois que a Suprema Corte aprovou a doutrina "separados, mas iguais". E teve o mesmo efeito. Conversa fiada. A chegada do novo milênio estava próxima, e as pessoas ainda não eram capazes de entender a igualdade por causa da cor. Mas eles usaram uma nova tinta "multicultural" para cobrir a mancha racista. E só uma demão não seria suficiente.

---

* Importante mencionar que *color blindness* foi uma estratégia retórica utilizada pelos então candidatos à presidência dos Estados Unidos, principalmente entre os anos 1950 e 1970, para convencer tanto o eleitorado branco, quanto o negro, que suas propostas de governo não levavam em consideração as questões raciais que pesavam sobre as relações sociais no país. Isto é, seria "um governo de/para todos", independentemente da cor da pele, garantindo que as políticas adotadas em governo vigente gerariam oportunidades iguais a todos os cidadãos estadunidenses, o que de fato não ocorreu, mesmo depois da consolidação dos Direitos Civis. [N. E.]

27

Cobrança além da conta

Querem saber de uma coisa incrível? E estranha? E surpreendente, mas nem um pouco surpreendente?

Evidências científicas de que as raças são 99,9% iguais foram tı zidas à tona no dia 26 de junho de 2000. Nos anos 2000, as pessoas começaram a receber evidências científicas de que os seres humanos são todos iguais, independentemente da cor da pele. Não é incrível?

Bill Clinton deu essa notícia como se fosse uma novidade.

Mas Craig Venter, um dos cientistas responsáveis pela pesquisa, foi mais franco do que Clinton na forma como falou do assunto. "O conceito de raça não tem fundamentos genéticos ou científicos", Venter disse. Sua equipe de pesquisa na Celera Genomics determinou "os códigos genéticos" de cinco indivíduos, que foram identificados como "hispânicos, asiáticos, caucasianos ou afro-estadunidenses", e os cientistas não puderam distinguir uma raça da outra.

Porém, ainda havia esse 0,1%. E essa diferença de 0,1% entre os seres humanos *tinha* que ser racial. Sendo ou não, essa porcentagem seria explorada por cientistas racistas que fizeram o que podiam para fornecer evidências de que as raças eram biologicamente diferentes. Primeiro a teoria da maldição e o poligenismo, e agora os genes — os racistas são incansáveis.

Mas eles não conseguiram muita aceitação. Meses depois, o relatório dos Estados Unidos enviado ao Comitê das Nações Unidas para a Eliminação da Discriminação Racial pontuou o então arruinado histórico racial do país, afirmando que houve "sucessos substanciais", mas que ainda restavam "obstáculos significativos". Era setembro de 2000, e George W. Bush, então governador do Texas, prometia devolver "honra e dignidade" para a Casa Branca, enquanto o vice--presidente Al Gore tentava se distanciar do escândalo gerado pelo impeachment de Bill Clinton. As conclusões do relatório sobre a discriminação e disparidades na administração do governo não se tornaram temas de discussão da campanha, pois refletiram mal sobre a administração de Clinton e a cegueira de cor dos republicanos. A ciência afirma que as raças são biologicamente iguais. Então, se não são iguais na sociedade, a única razão para isso só pode ser o racismo.

E o racismo operou mais uma vez na lei alguns meses depois, quando dezenas de milhares de eleitores negros na Flórida do governador Jeb Bush foram impedidos de votar ou tiveram seus votos destruídos, permitindo que George W. Bush ganhasse no estado de seu irmão com pouco menos de quinhentos votos. Essa lei racista acabaria conduzindo George W. Bush para a presidência.

Mas uma vez no cargo, ele também não conseguiu deter o ímpeto antirracista. A conversa sobre reparações estava a todo vapor, e quase 12 mil mulheres e homens se aventuraram até a bela Durban, na África do Sul, para a Conferência Mundial contra o Racismo, Discriminação Racial, Xenofobia e Intolerância Correlata, que aconteceu do dia 31 de agosto até 7 de setembro de 2001. Os representantes divulgaram um relatório sobre o complexo industrial-prisional e mulheres racializadas que contou com a coautoria de Angela Davis. Eles também identificaram a internet como o mais recente mecanismo para a propagação de ideias racistas, citando quase 600 mil sites supremacistas brancos e as declarações racistas tão frequentes nas seções de comentários que acompanhavam textos on-line sobre pessoas negras. Os Estados Unidos tinham a maior delegação, e estadunidenses antirracistas estabeleceram frutíferas conexões com ativistas do mundo todo, cuja grande maioria desejava garantir que a conferência iniciasse um movimento antirracista global. Conforme voltavam para o Senegal, Estados Unidos, Japão, Brasil e França por volta do dia 7 de setembro de 2001, os participantes espalharam seu ímpeto antirracista pelo mundo.

E então tudo desabou. Literalmente. Era 11 de setembro de 2001. Depois de quase 3 mil estadunidenses terem lamentavelmente perdido a vida nos ataques ao World Trade Center, no Pentágono e no voo 93 da United Airlines que caiu na Pensilvânia, o presidente Bush condenou os "malfeitores", os insanos "terroristas", ao mesmo tempo que promovia sentimentos anti-islâmicos e antiárabes. Racistas com cegueira de cor se aproveitaram dos ânimos intensos no momento pós-11/9, forjando um país unido e patriótico, onde qualquer um que não estivesse balançando uma bandeira era um verdadeiro inimigo da nação.

Mas não havia uma frente unida. Não de uma forma mais ampla. Ações afirmativas ainda estavam sendo ameaçadas, e ninguém queria se opor ao fato de que a questão da educação poderia ser melhor abordada se o favorecimento racial nos testes padronizados fosse erradicado. Mas o uso de testes padronizados *cresceu* no ensino regular quando a lei bipartidária No Child Left Behind Act [Nenhuma Criança Deixada Para Trás], assinada na administração de Bush, passou a valer em 2003. A premissa era simples. Estabelecer metas altas e testar com frequência para ver se essas metas estavam sendo alcançadas. E então financiar as escolas com base nesses resultados. E embora chamada de No Child Left Behind, na verdade a lei encorajava mecanismos de *redução* de financiamento para escolas em que os alunos não apresentavam progressos, deixando, assim, os alunos mais necessitados para trás. E mais uma vez a culpa foi jogada nas crianças negras. E nos professores negros. E nas escolas públicas. Não nas políticas racistas.

E a pior parte era que negros assimilacionistas compraram a ideia mais uma vez. Figuras como Bill Cosby culparam pais negros. "Pessoas de baixa renda não estão cumprindo a sua parte do acordo, não estão cuidando de suas crianças", Cosby disse em Washington, D. C., depois de ser homenageado em uma solenidade da NAACP em maio de 2004. "Elas estão comprando coisas para as crianças. Para que um tênis de quinhentos dólares? E não gastam duzentos dólares em materiais de leitura. Estou falando daquelas pessoas que choram quando veem seu filho em um uniforme prisional."

E enquanto Bill Cosby colocava suas ideias racistas na estrada em uma turnê de palestras, uma estrela em ascensão do Partido Democrata, Barack Obama, subverteu a mensagem de Cosby em seu discurso de abertura da Democratic National Convention [Convenção Nacional do Partido Democrata] em 27 julho de 2004. "Vá até qualquer bairro pobre, e as pessoas de lá vão dizer que o governo sozinho não é capaz de ensinar crianças a aprender. Elas sabem que os pais devem ensinar, que as crianças não podem ter um bom desempenho a não ser que aumentemos suas expectativas, desliguemos os aparelhos de televisão e erradiquemos a calúnia que afirma que um jovem negro com um livro está agindo como um branco. As pessoas sabem dessas coisas." Aplausos estrondosos interromperam Obama quando ele derrubou a crítica de Cosby. Obama se mostrou como um unicórnio racial e socioeconômico. De origens humildes e grande ascensão. De ancestralidade nacional e imigrante. E também de ancestralidade africana e europeia. Ele preenchia todas as lacunas. E embora, na época, estivesse fazendo campanha para John Kerry (que perderia as eleições para George W. Bush), estava evidente que uma estrela tinha nascido.

28

Um milagre, quem sabe?

Duas semanas depois de seu revigorante discurso de abertura, a autobiografia de Barack Obama, *A origem dos meus sonhos*, foi republicada. O livro ficou no topo das listas e recebeu boas críticas nos últimos meses de 2004. Toni Morrison, a rainha das letras estadunidenses e editora da icônica autobiografia de Angela Davis três décadas atrás, considerou *A origem dos meus sonhos* um livro "absolutamente extraordinário". Obama tinha escrito a autobiografia em 1995, um ano racialmente conturbado, enquanto se preparava para iniciar sua carreira política no Senado de Illinois.

No livro, ele reivindicava sua desobrigação de ser um "negro extraordinário", mas em 2004 racistas de todas as cores começariam a aclamar Barack Obama, com todas as suas demonstrações públicas de inteligência, moralidade, articulação e sucesso político, como tal. A marca do "negro extraordinário" tinha percorrido um longo caminho de Phillis Wheatley até Barack Obama, que se tornou o único afro-estadunidense no Senado dos Estados Unidos em 2005. No caso de Phillis Wheatley, os racistas desprezaram a inteligência negra, mas com Obama, eles começaram a dar as costas para a história para poder vê-lo como o símbolo de uma nação pós-racial. Uma desculpa para dizer que as atrocidades tinham acabado.

Mas naquele verão um desastre natural e racial estouraria a bolha do faz de conta pós-racial e, na contramão, forçaria um tenso debate ao redor do racismo. Nos últimos dias do mês de agosto de 2005, o furacão Katrina tirou mais de 1.800 vidas, forçou milhares a migrarem, inundou a bela Costa do Golfo e causou bilhões de prejuízo em danos de propriedades. O furacão Katrina arrancou o telhado da cegueira de cor do país e revelou — se eles se atrevessem a olhar — o horroroso progresso do racismo.

Por anos, cientistas e jornalistas alertaram que se o estado sulista da Louisiana recebesse "um golpe direto de um furacão de grande porte", os diques não aguentariam e a região — uma comunidade negra pobre — seria inundada e devastada. Ninguém fez nada.

E uma vez que isso aconteceu, a resposta da Federal Emergency Management Agency [Agência Federal de Gestão de Emergências] (FEMA) chegou tarde. Houve rumores de que a administração de Bush instruiu a FEMA a postergar sua ação a fim de aumentar as recompensas da destruição para aqueles que poderiam se beneficiar. Verdade ou não, eles chegaram tarde. E as pessoas estavam se afogando. Foram três dias para enviar tropas de resgate até a região da Costa do Golfo, mais tempo do que levaram para mobilizar as tropas que reprimiram os protestos por Rodney King em 1992. E então a mídia chegou. Dessa vez espalhando mentiras sobre saques e histórias horríveis e sensacionalistas sobre crianças tendo a garganta cortada no estádio Superdome (onde as pessoas estavam se abrigando).

Na era do racismo da cegueira de cor, não importava o quão horrível era o crime racial, não importava quantas evidências havia contra eles, os racistas se apresentavam diante do juiz e se declaravam "inocentes". Mas quantos criminosos realmente confessam quando não precisam confessar? Dos "civilizadores" a adeptos aos testes padronizados, os assimilacionistas raramente confessaram seu racismo. Escravocratas e segregacionistas da era Jim Crow foram para o túmulo alegando inocência. E assim como fizeram muitos presidentes antes dele, incluindo Reagan, Lincoln e Jefferson, George W. Bush provavelmente faria o mesmo.

No dia 10 de fevereiro de 2007, Barack Obama se colocou diante do antigo Capitólio em Springfield, Illinois, e anunciou formalmente sua candidatura presidencial. Ele se posicionou no mesmo lugar em que Abraham Lincoln pronunciou seu histórico discurso "House Divided" [Casa dividida], em 1858. Obama transbordou palavras de união, esperança e mudança. Ninguém esperava por ele. Na verdade, todo mundo dizia que Hillary Clinton era a escolha inevitável, até que Obama se saiu muito bem em Iowa* e levou o estado bem debaixo do nariz dela. No dia 5 de fevereiro de 2008, na Super Tuesday [Super Terça] (o dia em que, durante as eleições presidenciais, o maior número de estados realiza as eleições primárias),** os estadunidenses já tinham sido levados pela campanha "Yes We Can" [Sim, nós podemos] de Obama que pregava esperança e mudança, temas que ele havia abraçado e abordado de forma tão eloquente em seus discursos que as pessoas começaram a ansiar por ele. Mas, em meados de fevereiro, sua perspicaz e brilhante esposa, Michelle Obama, disse em um comício em Milwaukee: "Pela primeira vez em minha vida adulta, estou realmente orgulhosa do meu país, e não apenas por Barack estar se saindo bem, mas porque eu penso que as pessoas estão ávidas por mudança." Foi tudo o que os racistas precisaram para atacar e chamá-la de antipatriótica. Para tentar derrubar os Obama e desacreditá-los. Comentaristas racistas se tornaram obcecados pelo corpo de Michelle Obama, seu quase 1,80 e sua estrutura corporal curvilínea simultaneamente meio masculina e hiperfeminina. Eles procuraram problemas em seu casamento e em sua família, considerando-os extraordinários quando não encontravam nada.

Então eles acharam um bode-expiatório em um dos teólogos da libertação mais reverenciados entre a população negra do país,

---

* O pequeno estado de Iowa tem uma importância histórica nas eleições presidenciais dos Estados Unidos por ser o primeiro a participar do processo de escolha dos candidatos à presidência no país. Os candidatos vencedores recebem maior atenção da mídia, mais apoios financeiros e passam uma imagem de liderança, o que determina bastante a influência exercida nos eleitores de outros estados. [N. T.]

** Como no Brasil, as eleições nos Estados Unidos possuem duas fases. Mas por lá tudo começa com as "primárias", eleições realizadas internamente em um partido e que vão decidir o candidato para as eleições gerais, sendo que as regras do processo variam de estado para estado. [N. T.]

o então recentemente aposentado pastor da enorme Trinity United Church of Christ de Chicago — Jeremiah Wright. Ele conduziu a cerimônia de casamento dos Obama e falou honestamente sobre seus sentimentos por um país que trabalhou além da conta para matá-lo e assassinar seu povo. Mas a mídia usou as críticas de Wright ao país para difamar Obama.

Obama tentou deixar isso para lá. Tentou minimizar sua relação com o pastor Wright, mas nada funcionava. Então, ele proferiu o discurso de sua vida, que foi chamado de "A More Perfect Union" [Uma união mais perfeita]. Foi um discurso sobre raça que oscilou entre um doloroso pensamento assimilacionista e um corajoso antirracismo.

E funcionou. O discurso impulsionou Obama, que ultrapassou a barreira dos obstáculos que estavam por vir, incluindo um alimentado por Donald Trump, que contestou se Obama era ou não estadunidense.

E no dia 4 de novembro de 2008, uma professora recém-aposentada de 64 anos, Angela Davis, votou em um partido político grande pela primeira vez na vida. Ela tinha se aposentado da academia, mas não de seu ativismo público de quatro décadas. Davis ainda viajava pelo país, tentando incitar um movimento abolicionista contra as prisões. Ao votar no democrata Barack Obama, ela se juntou a quase 69,5 milhões de estadunidenses. Mas Davis, mais do que votar no homem, votou a favor dos esforços locais feitos pelos organizadores da campanha, aqueles milhões de pessoas que pediam por mudança.

Quando os veículos começaram a anunciar que Obama tinha sido eleito como o 44º presidente dos Estados Unidos, a felicidade eclodiu de costa a costa. Irrompeu nos Estados Unidos e começou a se espalhar ao redor do mundo antirracista. Davis estava no delírio de Oakland. Pessoas desconhecidas a abraçavam na rua. Ela viu algumas cantando para os céus, e viu outras dançando nas ruas. E as pessoas que Angela Davis viu e todas as outras celebrando ao redor do mundo não estavam encantadas pela eleição de um indivíduo; elas estavam encantadas pelo orgulho da vitória da população negra, pelo sucesso de milhões de organizadores locais e porque tinham mostrado que todos aqueles descrentes, que disseram que eleger um presidente negro era impossível, estavam errados. E, acima de tudo, elas estavam encantadas pelo potencial antirracista de um presidente negro.

Mas, como diz minha mãe, potencial não paga as contas, certo? O presidente Obama era um símbolo. Sim, um símbolo de esperança. De progresso. Mas também de assimilacionismo. E tanto que ele foi usado para desconversar o racismo. Para absolvê-lo. Obama se alinhou com figuras como Lincoln, Du Bois, Washington, Douglass e muitas outras que tiveram flashes — verdadeiros momentos — de pensamentos antirracistas, mas sempre pareciam assimilar sob pressão. Obama alcançou a fama quando desafiou Bill Cosby por ter jogado a culpa nas pessoas negras, e mergulhou de cabeça na assimilação logo depois, criticando as pessoas negras da mesma forma. E assim como aconteceu com líderes negros antes dele, a assimilação não funcionou. Os segregacionistas saíram de seus odiosos buracos, surgiram debaixo de cada uma das pedras racistas. Eles o odiavam, trabalhando incansavelmente para destruí-lo e desacreditá-lo, e usaram Obama como uma forma de humilhar as pessoas negras. Para impulsionar os absurdos e estereótipos racistas, voltando mais uma vez para sua playlist fanática favorita, tocando todos os clássicos racistas — selvageria negra, burrice negra, preguiça negra, insignificância negra. Qualquer coisa para prejudicar o presidente Obama e as pessoas negras na mídia. Políticos e famosos racistas trabalharam para descobrir formas de apaziguar o ego que, eles pensavam, vinha acompanhado da eleição de um presidente negro.

Que vinha acompanhado do fato de ser negro durante o mandato de um presidente negro.

Que vinha acompanhado de... ser negro.

Pessoas começaram a morrer. Pessoas continuaram a morrer. A vida de crianças acabando nas mãos de policiais e justiceiros que não valorizavam nem um pouco a humanidade negra. Policiais e justiceiros que saíam impunes. Mas, como em outros momentos da história racista do país, antirracistas responderam das margens para revidar. Com um presidente negro ou não.

Alicia Garza, Patrisse Cullors e Opal Tometi criaram a hashtag #BlackLivesMatter [#VidasNegrasImportam] como uma reposta direta ao revide racista que veio na forma de brutalidade policial. Da cabeça e do coração dessas três mulheres negras — entre as quais duas são *queer* —, essa declaração de amor significava intuitivamente que, para sermos verdadeiramente antirracistas, devemos também nos opor ao sexismo, à homofobia, ao colorismo, ao etnocentrismo, ao nativismo, ao preconceito cultural, ao preconceito de classe repleto de racismo que serve para prejudicar tantas vidas negras. A declaração antirracista da era rapidamente saltou das redes sociais para cartazes e bocas em protestos antirracistas que eclodiram pelo país em 2014. Os manifestantes rejeitavam uma declaração racista de seis séculos: que vidas negras não importam. #BlackLivesMatter se transformou rapidamente, de uma declaração de amor antirracista para um movimento antirracista cheio de pessoas jovens operando em grupos locais no país inteiro, frequentemente liderados por jovens negras. Coletivamente, essas ativistas atuaram contra a discriminação de todas as formas, em todas as áreas da sociedade e a partir de uma miríade de pontos de vista. E em resposta àqueles que agiam como se a vida dos homens negros importasse mais, feministas antirracistas corajosamente reivindicaram #SayHerName [#DigaONomeDela] para visibilizar as mulheres que também tinham sido afetadas pelas mãos e pés do racismo. Talvez elas, as filhas antirracistas de Davis, deviam ser consideradas símbolos de esperança, pois foram elas que pegaram o potencial e transformaram em poder. E o mais importante: talvez todos nós devêssemos fazer o mesmo.

EPÍLOGO

Como vocês estão se sentindo? Quer dizer, eu espero que, depois de ter lido este livro de história *não histórico*, vocês tenham ficado com algumas respostas. Espero que tenha ficado bem explicado como o constructo racial sempre foi usado para o ganho e manutenção do poder, financeiro ou político. Como sempre foi utilizado para criar dinâmicas que nos separam para nos manter em silêncio. Para deixar a bola dos privilégios dos brancos e ricos rolando. E que não é algo próprio das pessoas tanto quanto das políticas às quais as pessoas aderem e tomam como verdadeiras.

Leis que privaram negros da liberdade, do voto, da educação, de seguridade, de habitação, de assistência social, de cuidados de saúde, de comprar, de andar, de dirigir de... respirar.

Leis que tratam negros como se fossem nada. Não, como se fossem animais.

Vamos considerar dessa forma. Animais. Se chamamos uma pessoa de cachorro por tempo suficiente, alguém que não é como essa pessoa e que tem mais poder vai acabar acreditando nisso. Especialmente se dermos ao que tem poder uma coleira e justificativas para colocar essa coleira no pescoço do oprimido. Se dermos justificativas para que o oprimido seja alimentado com ração. Se colocarmos uma focinheira nessa pessoa quando ela latir, dizendo que seus latidos, assim como seus ganidos, são violentos. Se cortarmos seu rabo.

Suas orelhas. Se punirmos quando elas destroem a casa, quando mordem a porta de madeira. E se conseguirmos convencer a pessoa com poder de que uma criança é um cachorro — se apresentarmos certidões de pedigrees (falsas) —, por que essa pessoa questionaria seres humanos (ou cachorros) sendo considerados como pets, sendo possuídos, treinados, usados, acasalados e vendidos?

É assim que o racismo funciona.

Quero dizer, tudo o que o racismo precisa é do tipo certo de mídia para se espalhar. Para circular. Pelo menos, é o que a história tem nos mostrado. Conte uma história de determinada maneira. Faça um filme que pinte você como herói. Junte pessoas suficiente ao seu lado para confirmar que você está certo. E você está certo. Mesmo estando errado. E uma vez que disserem que você está certo por tempo suficiente, e uma vez que você estar certo tem levado você a uma vida de privilégios e lucro, você faria qualquer coisa para não provarem que você está errado. Até mesmo fingir que seres humanos não são seres humanos.

De Zurara a Harriet Beecher Stowe. De Sojourner Truth a Audre Lorde. De Ida B. Wells-Barnett a Zora Neale Hurston. De Frederick Douglass a Marcus Garvey. De Jack Johnson a Muhammad Ali. De *Tarzan* ao *Planeta dos macacos*. De Ma Rainey ao Public Enemy. De Langston Hughes a James Baldwin.

De Cotton Mather

a Thomas Jefferson

a William Lloyd Garrison

a W. E. B. Du Bois

a Angela Davis

a Angela Davis

a Angela Davis,

todos esses nomes nos levam de volta à questão de se você, que me lê, quer ser um segregacionista (um *hater*), um assimilacionista (um covarde) ou um antirracista (alguém que ama de verdade).

A escolha é sua.

Não se assuste.

Só respira fundo. Inspira. Segura. Então solta o ar devagar:

A G O R A.

AGRADECIMENTOS

Tem tanta gente a quem tenho que agradecer, incluindo nossa editora, Lisa Yoskowitz da Little, Brown and Company, e minha agente, Elena Giovinazzo, que acreditaram que eu era capaz de escrever este livro. Queria agradecer a minha mãe, que acredita que eu sou capaz de fazer qualquer coisa. E, claro, gostaria de agradecer ao Dr. Ibram X. Kendi. Sua genialidade e dedicação devem ser reconhecidas. Obrigado por ser um exemplo e por confiar a mim um projeto tão especial quanto este. E o mais importante: obrigado por esta imensa e revolucionária contribuição à nossa tão complexa história. Seu livro é um novo alicerce para as discussões raciais. Sua voz é um novo diapasão.

Mas não há ninguém a quem eu gostaria de agradecer mais do que às pessoas jovens. Aquelas que leram este livro (que estão lendo agora) e aquelas que podem nunca chegar a lê-lo. Todas vocês merecem agradecimentos. Todas vocês merecem reconhecimento. Todas merecem saber que vocês são, de verdade, o antídoto para a antinegritude, para a xenofobia, para a homofobia, para o classismo, para o machismo e para os outros tipos de câncer que vocês não causaram, mas certamente têm o potencial de curar.

E sabem como eu sei disso? Porque eu sou uma das pessoas afortunadas que podem passar tempo com vocês. Eu estive em suas escolas, andei pelos corredores com vocês. Sentei na mesa de almoço com vocês e fiz piadas com vocês. Eu dei uma passada em suas bibliotecas e centros comunitários, dos subúrbios até os conjuntos habitacionais. Estive em escolas alternativas e em centros de detenção. Do centro da cidade até Iowa. E o que aprendi foi que vocês são pessoas muito mais abertas e empáticas do que as gerações anteriores. E tanto é que a sensibilidade de vocês é usada como um insulto, como forma de desprezo. O desejo de vocês por um mundo mais justo é visto como fraqueza. O que aprendi foi que sua raiva é universal, porque o mundo agora está na palma da mão de vocês. Vocês têm a habilidade de se teletransportar, de explorar uma zona de guerra ou um assassinato na tela. De testemunhar protestos e revoluções de culturas que não são suas, mas que compartilham da sua frustração. Da sua recusa. Do seu medo.

Mas preciso alertar vocês:

Passar páginas nunca vai ser suficiente.

Repostar nunca vai ser suficiente.

Fazer hashtags nunca vai ser suficiente.

Porque o ódio tem formas de nos convencer de que um amor pela metade é um amor inteiro. O que eu quero dizer com isso é que nós — todos nós — temos que lutar contra a performance e nos voltarmos para a participação. Temos de ser participantes. Pessoas ativas. Temos de ser mais do que espectadores confortavelmente sentados nas arquibancadas da moralidade, gritando: "ERRADO!". Isso é muito fácil. Em vez disso, temos de jogar em campo, na quadra, em nossas salas de aula e comunidades, tentando *fazer* o certo. Porque precisamos agarrar o ódio com a mão inteira — com as duas mãos. Não só com os dedões que a gente usa para digitar ou um indicador para rolar a tela.

Mas preciso alertar vocês de mais uma coisa:

Nós não podemos atacar algo que não conhecemos.

É perigoso. E... bobo. Seria algo como tentar cortar uma árvore estando em cima dela. Se a gente sabe como a árvore funciona, se sabemos que é no tronco e nas raízes onde mora seu poder, e como a gravidade está a nosso favor, nós podemos atacar, cada um de nós com pequenos machados, e daí mudar a cara da floresta.

Então, vamos aprender tudo o que há para ser aprendido sobre a árvore do racismo. A raiz. Os frutos. A seiva e o tronco. Os ninhos que foram construídos com o passar do tempo, o ciclo das folhas. Dessa forma, sua geração pode finalmente e ativamente derrubar essa árvore.

Muito obrigado, jovens. Eu gostaria de poder dizer os nomes de voçês. Mas eu prefiro que vocês se nomeiem.

Jason

• • •

Gostaria de agradecer todas as pessoas que eu conheço ou não e que me ajudaram e apoiaram na composição de *Stamped from the Beginning*, no qual este livro é baseado. Dos meus sempre amados familiares e amigos até os meus sempre solidários colegas na academia e na American University, e aos incontáveis pensadores, mortos e vivos, de dentro e de fora da academia, cujos trabalhos sobre raça moldaram meu pensamento e esta história — obrigado. Sem dúvidas, este livro é tanto meu quanto de vocês.

Eu quis escrever um livro de história que pudesse ser devorado pela maior quantidade possível de pessoas — sem burlar as sérias complexidades —, pois as ideias racistas e sua história afetaram a todos nós. Mas Jason Reynolds levou seu remix de *Stamped from the Beginning* para um outro nível de acessibilidade e engenho. Não tenho como agradecê-lo por sua disposição de produzir este sofisticado remix que vai impactar gerações de pessoas jovens e não tão jovens.

Gostaria de agradecer à minha agente, Ayesha Pande, que desde o início foi uma das maiores apoiadoras de *Stamped from the Beginning* e *Marcados: racismo, antirracismo e vocês*. Ayesha, para mim foi inestimável que você tenha acreditado nesses livros. E devo agradecer à Little, Brown Books for Young Readers e nossa extraordinária editora, Lisa Yoskowitz, que desde o início claramente reconheceu a importância e potencial impacto de *Stamped*. A Katy O'Donnell, da Bold Type Books, obrigado mais uma vez por ter trabalhado comigo em *Stamped from the Beginning*. Para Michelle Campbell, Jackie Engel, Jen Graham, Karina Granda, Siena Koncsol, Christie Michel, Michael Pietsch, Emilie Polster, Victoria Stapleton, Megan Tingley — para todas as pessoas envolvidas na produção e no marketing deste livro: eu não tenho como agradecê-las.

Gostaria de dedicar um agradecimento especial aos meus pais, Carol e Larry Rogers, e aos meus irmãos, Akil e Macharia. Amor é realmente um verbo, e eu os agradeço por seu amor.

Deixei uma pessoa por último, alguém que ficou tão animada quanto eu por Jason trabalhar comigo neste livro — minha esposa, Sadiqa. Obrigado, Sadiqa, e obrigado a vocês, a todo mundo, por tudo.

Ibram

OUTRAS LEITURAS

Se quiserem outras leituras, saca só:

Complete Writings, por Phillis Wheatley (Penguin Classics, 2001)

Narrative of the Life of Frederick Douglass, por Frederick Douglass (Anti-Slavery Office, 1845; Signet Classics Edition, 2005)

Narrative of Sojourner Truth, por Sojourner Truth (Edição impressa pela autora, 1850; Penguin Classic Editions, 1998)

Their Eyes Were Watching God, por Zora Neale Hurston (J. B. Lippincott, 1937; HarperCollins, 2000) [Ed. bras.: *Seus olhos viam Deus*, trad. Marcos Santarrita (Record, 2002)]

The Black Jacobins, por C. L. R. James (Secker & Warburg, 1938) [Ed. bras.: *Os jacobinos negros: Toussaint L'Ouverture e a revolução de São Domingos*, trad. Afonso Teixeira Filho (Boitempo, 2000)]

Native Son, por Richard Wright (Harper & Brothers, 1940) [Ed. bras.: *O filho nativo*, trad. Jusmar Gomes (Best Seller, 1987)]

Montage of a Dream Deferred, por Langston Hughes (Henry Holt, 1951)

Invisible Man, por Ralph Ellison (Random House, 1952) [Ed. bras.: *Homem invisível*, trad. Mauro Gama (José Olympio, 2020)]

The Fire Next Time, por James Baldwin (Dial Press, 1963) [Ed. bras.: *Da próxima vez, o fogo: o racismo nos Estados Unidos*, trad. Christiano Monteiro Oiticica (Biblioteca Universal Popular, 1967)]

The Autobiography of Malcolm X: As Told to Alex Haley, por Malcolm X (Grove Press, 1965; Ballantine Books, 1992) [Ed. bras.: *Autobiografia de Malcolm X com a colaboração de Alex Haley*, Trad. A. B. Pinheiro de Lemos (Record, 1992)]

I Know Why the Caged Bird Sings, por Maya Angelou (Random House, 1969) [Ed. bras.: *Eu sei por que o pássaro canta na gaiola*, trad. Regiane Winarski (Astral Cultural, 2018)]

The Bluest Eye, por Toni Morrison (Holt, Rinehart and Winston, 1970) [Ed. bras.: *O olho mais azul*, trad. Manoel Paulo Ferreira (Companhia das Letras, 2019)]

The Dutchman, por LeRoi Jones (Quill Editions, 1971)

The Color Purple, por Alice Walker (Harcourt Brace Jovanovich, 1982) [Ed. bras.: *A cor púrpura*, trad. Betúlia Machado, Maria José Silveira e Peg Bodelson (José Olympio, 2009)]

Women, Race, and Class, por Angela Y. Davis (Vintage Books, 1983) [Ed. bras.: *Mulheres, raça e classe*, trad. Heci Regina Candiani (Boitempo, 2016)]

Sister Outsider, por Audre Lorde (Crossing Press, 1984) [Ed. bras.: *Irmã outsider: ensaios e conferências*, trad. Stephanie Borges (Autêntica, 2019)]

For Colored Girls Who Have Considered Suicide/When the Rainbow Is Enuf, por Ntozake Shange (Scribner, 1989)

Monster, por Walter Dean Myers (HarperCollins, 1999) [Ed. bras.: *Monstro*, trad. George Schlesinger (WMF Martins Fontes, 2020)]

The New Jim Crow, por Michelle Alexander (The New Press, 2010)

Black Cool: One Thousand Streams of Blackness, por Rebecca Walker (Soft Skull Press, 2012)

Long Division, por Kiese Laymon (Agate Bolden, 2013)

Brown Girl Dreaming, por Jacqueline Woodson (Putnam/ Nancy Paulsen Books, 2014)

How It Went Down, por Kekla Magoon (Henry Holt, 2014)

All American Boys, por Jason Reynolds e Brendan Kiely (Atheneum/ Caitlyn Dlouhy Books, 2015)

Between the World and Me, por Ta-Nehisi Coates (Spiegel & Grau, 2015) [Ed. bras.: *Entre o mundo e eu*, trad. Paulo Geiger (Objetiva, 2015)]

March (Books 1-3), por John Lewis (Top Shelf Productions, 2016)

Stamped from the Beginning, por Ibram X. Kendi (Bold Type Books, 2016)

The Fire This Time, editado Jesmyn Ward (Scribner, 2016)

Dear Martin, por Nic Stone (Crown Books for Young Readers, 2017)

Long Way Down, por Jason Reynolds (Atheneum/Caitlyn Dlouhy Books, 2017)

Miles Morales: Spider-Man (A Marvel YA Novel), por Jason Reynolds (Marvel Press, 2017)

The Hate U Give, por Angie Thomas (Balzer + Bray, 2017) [Ed. bras.: *O ódio que você semeia*, trad. Regiane Winarski (Galera, 2017)]

Anger Is a Gift, por Mark Oshiro (Tor Teen, 2018)

Barracoon, por Zora Neale Hurston (Amistad, 2018)

Friday Black, por Nana Kwame Adjei-Brenyah (Houghton Mifflin Harcourt, 2018)

Ghost Boys, por Jewell Parker Rhodes (Little, Brown Books for Young Readers, 2018)

Black Enough, editado por Ibi Zoboi (Balzer + Bray, 2019)

How to Be an Antiracist, por Ibram X. Kendi (One World, 2019) [Ed. bras.: *Como ser antirracista*, trad. Edite Siegert (Alta Books, 2020)]

Watch Us Rise, por Renée Watson e Ellen Hagan (Bloomsbury, 2019)

NOTAS BIBLIOGRÁFICAS

Introdução

11   Jovens negros tinham uma possibilidade *21 vezes maior* de ser mortos: Ryan Gabrielson, Ryann Grochowski Jones e Eric Sagara, "Deadly Force, in Black and White", *ProPublica*, 10 out. 2014; Rakesh Kochhar e Richard Fry, "Wealth Inequality Has Widened Along Racial, Ethnic Lines Since End of Great Recession", 12 dez. 2014, Pew Research Center, www. pewresearch.org/fact-tank/2014/12/12/racial-wealth-gaps--great-recession; Sabrina Tavernise, "Racial Disparities in Life Spans Narrow, but Persist", *New York Times*, 18 jul. 2013, www.nytimes.com/2013/07/18/health/racial-disparities-in--life-spans-narrow-but-persist.html.

11   As pessoas negras deveriam compor algo em torno de treze por cento: Leah Sakala, "Breaking Down Mass Incarceration in the 2010 Census: Stateby-State Incarceration Rates by Race/ Ethnicity", *Prison Policy Initiative*, 28 maio 2014, www.prisonpolicy.org/reports/rates.html; Matt Bruenig, "The Racial Wealth Gap", *American Prospect*, 6 nov. 2013, http://prospect. org/article/racial-wealth-gap.

11 Historicamente, houve três grupos envolvidos: Ruth Benedict, *Race: Science and Politics* (Nova York: Modern Age Books, 1940); Ruth Benedict, *Race and Racism* (Londres: G. Routledge and Sons, 1942).

Parte 1: 1415 — 1728

CAPÍTULO 1: A história do primeiro racista do mundo

20 Ele escreveu a história, uma biografia da vida e do tráfico de escravizados do príncipe Henrique: P. E. Russell, *Prince Henry "the Navigator": A Life* (New Haven, CT: Yale University Press, 2000), 6; Gomes Eanes de Zurara, Charles Raymond Beazley e Edgar Prestage, *Chronicle of the Discovery and Conquest of Guinea*, 2 vols. (Londres: Printed for the Hakluyt Society, 1896), 1, 6, 7, 29.

21 A parte do príncipe Henrique, tipo os honorários de um descobridor: 185 escravizados: Hugh Thomas, *The Slave Trade: The Story of the Atlantic Slave Trade, 1440-1870* (Nova York: Simon and Schuster, 1997); Zurara et al., *Chronicle*, xx-xi; Russell, *Prince Henry "the Navigator"*, 246.

21 a primeira fonte de conhecimento sobre uma África e povos africanos desconhecidos: Zurara et al., *Chronicle*, lv—lviii; Francisco Bethencourt, *Racisms: From the Crusades to the Twentieth Century* (Princeton, NJ: Princeton University Press, 2013), 187.

22 Africanus ecoou os sentimentos de Zurara em relação aos africanos: Leo Africanus, John Pory e Robert Brown, *The History and Description of Africa*, 3 vols. (Londres: Hakluyt Society, 1896), 130, 187-190.

CAPÍTULO 2: Poder puritano

23 Esta teoria veio, na verdade, de Aristóteles: Bethencourt, *Racisms*, 3, 13-15; David Goldenberg, "Racism, Color Symbolism, and Color Prejudice", in *The Origins of Racism in the West*, ed. Miriam Eliav-Feldon, Benjamin Isaac e Joseph Ziegler (Cambridge, UK: Cambridge University Press, 2009), 88-92; *Aristotle*, ed. e trad. por Ernest Barker, *The Politics of Aristotle* (Oxford: Clarendon Press, 1946), 91253b; Peter Garnsey, *Ideas of Slavery from Aristotle to Augustine* (Nova York: Cambridge University Press, 1996), 114.

24 o escritor viajante inglês George Best determinou: Gary Taylor, *Buying Whiteness: Race, Culture, and Identity from Columbus to Hip Hop, Signs of Race* (Nova York: Palgrave Macmillan, 2005), 222-223; Joseph R. Washington, *Anti-Blackness in English Religion, 1500-1800* (Nova York: E. Mellen Press, 1984), 113-114.

24 o estranho conceito de que [...] a relação entre a pessoa escravizada e seu mestre era amorosa; William Perkins [...] argumenta que a pessoa escravizada fazia parte de uma unidade familiar amorosa: Everett H. Emerson, *John Cotton* (Nova York: Twayne, 1965), 18, 20, 37, 88, 98, 100, 108-109, 111, 131; Washington, *Anti-Blackness*, 174-182.

25 Eles desembarcaram nos Estados Unidos depois de terem feito viagens perigosas: Richard Mather, *Journal of Richard Mather: 1635, His Life and Death, 1670* (Boston: D. Clapp, 1850), 27--28; "Great New England Hurricane of 1635 Even Worse Than Thought", Associated Press, 12 nov. 2006.

25 Os dois homens eram pastores: Samuel Eliot Morison, *The Founding of Harvard College* (Cambridge, MA: Harvard Uni-

versity Press, 1935), 242-243; Richard Mather et al., *The Whole Booke of Psalmes Faithfully Translated into English Metre* (Cambridge, MA: S. Daye, 1640); John Cotton, *Spiritual Milk for Boston Babes in Either England* (Boston: S. G., for Hezekiah Usher, 1656); Christopher J. Lucas, *American Higher Education: A History*, 2. ed. (Nova York: Palgrave Macmillan, 2006), 109-110; Frederick Rudolph, *Curriculum: A History of the American Undergraduate Course of Study Since 1636* (San Francisco: Jossey-Bass, 1977), 29-30.

26   Cotton e Mather foram estudiosos de Aristóteles; de acordo com os puritanos, eles eram melhores que: Bethencourt, *Racisms*, 3, 13-15; Goldenberg, "Racism", 88-92; Aristóteles, *Politics*, 91253b; Garnsey, *Ideas*, 114.

26   durante a construção de Harvard: Morison, *Founding*, 242-243; Mather et al., *The Whole Booke*; Cotton, *Spiritual Milk*; Lucas, *American Higher Education*, 109-110; Rudolph, *Curriculum*, 29-30.

27   foi nomeado como o primeiro líder legislativo dos Estados Unidos: Jon Meacham, *Thomas Jefferson: The Art of Power* (Nova York: Random House, 2012), 5.

27   A primeira coisa que ele fez foi estabelecer o preço do tabaco: Alden T. Vaughan, *Roots of American Racism: Essays on the Colonial Experience* (Nova York: Oxford University Press, 1995), 130-134.

27   *San Juan Bautista* foi saqueado: Tim Hashaw, *The Birth of Black America: The First African Americans and the Pursuit of Freedom at Jamestown* (Nova York: Carroll and Graf, 2007), xv-xvi.

28   escravizados causariam algum conflito entre esses dois: Edmund S. Morgan, *American Slavery, American Freedom: The*

Ordeal of Colonial Virginia (Nova York: W. W. Norton, 1975), 348-351; Parke Rouse, *James Blair of Virginia* (Chapel Hill: University of North Carolina Press, 1971), 16-22, 25-26, 30, 37-38, 40, 43, 71-73, 145, 147-148; Albert J. Raboteau, *Slave Religion: The "Invisible Institution" in the Antebellum South* (Nova York: Oxford University Press, 1978), 100; Kenneth Silverman, *The Life and Times of Cotton Mather* (Nova York: Harper and Row, 1984), 241-242.

CAPÍTULO 3: Um Adão diferente

29 Notas sobre Baxter: Richard Baxter, *A Christian Directory* (Londres: Richard Edwards, 1825), 216-220.

30 Notas sobre Locke: R. S. Woolhouse, *Locke: A Biography* (Cambridge, UK: Cambridge University Press, 2007), 98, 276; Jeffrey Robert Young, "Introduction", in *Proslavery and Sectional Thought in the Early South, 1740-1829: An Anthology*, ed. Jeffrey Robert Young (Columbia: University of South Carolina Press, 2006), 18.

30 um grupo de menonitas em Germantown, Pensilvânia, se rebelou: Washington, *Anti-Blackness*, 460-461; Hildegard Binder-Johnson, "The Germantown Protest of 1688 Against Negro Slavery", *Pennsylvania Magazine of History and Biography* 65 (1941): 151; Katharine Gerbner, "'We Are Against the Traffik of Men-Body': The Germantown Quaker Protest of 1688 and the Origins of American Abolitionism", *Pennsylvania History: A Journal of Mid-Atlantic Studies* 74, n. 2 (2007): 159-166; Thomas, *Slave Trade*, 458; "William Edmundson", *The Friend: A Religious and Literary Journal* 7, n. 1 (1833): 5-6.

31 A disputa entre os nativos americanos (indígenas) e os novos americanos (brancos) ficou fermentando: Craig Steven Wilder,

Ebony & Ivy: Race, Slavery, and the Troubled History of America's Universities (Nova York: Bloomsbury Press), 40.

32   Bacon não estava chateado por causa da questão racial: Ronald T. Takaki, *A Different Mirror: A History of Multicultural America* (Boston: Little, Brown, 1993), 63-68; Anthony S. Parent, *Foul Means: The Formation of a Slave Society in Virginia, 1660-1740* (Chapel Hill: University of North Carolina Press, 2003), 126- -127, 143-146; David R. Roediger, *How Race Survived U.S. History: From Settlement and Slavery to the Obama Phenomenon* (Londres: Verso, 2008), 19-20; Morgan, *American Slavery, American Freedom*, 252-270, 328-329.

CAPÍTULO 4: Um racista prodígio

35   eles tiveram um neto: Washington, *Anti-Blackness*, 455- -456; Lorenzo J. Greene, *The Negro in Colonial New England, 1620–1776* (Nova York: Columbia University Press, 1942), 275; Young, "Introduction", 19-21; Brycchan Carey, *From Peace to Freedom: Quaker Rhetoric and the Birth of American Antislavery, 1657–1761* (New Haven, CT: Yale University Press, 2012), 7-8.

35   Quando Cotton Mather ouviu falar da rebelião de Bacon: Silverman, *Life and Times of Cotton Mather*; Tony Williams, *The Pox and the Covenant: Mather, Franklin, and the Epidemic That Changed America's Destiny* (Naperville, IL: Sourcebooks, 2010), 34.

35   Cotton sabia que era especial: Robert Middlekauff, *The Mathers: Three Generations of Puritan Intellectuals, 1596–1728* (Nova York: Oxford University Press, 1971), 198-199; Ralph Philip Boas e Louise Schutz Boas, *Cotton Mather: Keeper of the Puritan Conscience* (Hamden, CT: Archon Books, 1964), 27-31.

36 Por ser tão inseguro com sua dificuldade de falar: Greene, *The Negro in Colonial New England*, 237; Silverman, *Life and Times of Cotton Mather*, 31, 36-37, 159-160.

37 Mather escreveu um livro: Philip Jenkins, *Intimate Enemies: Moral Panics in Contemporary Great Britain* (Nova York: Aldine de Gruyter, 1992), 3-5; Silverman, *Life and Times of Cotton Mather*, 84-85.

37 ninguém botou tanta gasolina na fogueira quanto um ministro: Edward J. Blum e Paul Harvey, *The Color of Christ: The Son of God & the Saga of Race in America* (Chapel Hill: University of North Carolina Press, 2012), 20-21, 27, 40-41; Silverman, *Life and Times of Cotton Mather*, 88-89.

37 desviou a atenção do político para o religioso: Charles Wentworth Upham, *Salem Witchcraft; with an Account of Salem Village, a History of Opinions on Witchcraft and Kindred Subjects*, vol. 1 (Boston: Wiggin and Lunt, 1867), 411-412; Blum e Harvey, *The Color of Christ*, 27-28; Boas and Boas, *Cotton Mather*, 109-110.

38 as autoridades de Massachusetts pediram desculpas: Silverman, *Life and Times of Cotton Mather*, 83-120; Thomas N. Ingersoll, "'Riches and Honour Were Rejected by Them as Loathsome Vomit': The Fear of Leveling in New England", in *Inequality in Early America*, ed. Carla Gardina Pestana e Sharon Vineberg Salinger (Hanover, NH: University Press of New England, 1999), 46-54.

38 as ideias de Cotton Mather se espalharam: Cotton Mather, *Diary of Cotton Mather, 1681–1724*, 2 vols., vol. 1 (Boston: The Society, 1911), 226-229; Silverman, *Life and Times of Cotton Mather*, 262-263; Parent, *Foul Means*, 86-89.

38   Conforme a população de pessoas escravizadas crescia: Parent, *Foul Means*, 120-123; Morgan, *American Slavery, American Freedom*, 330-344; Greene, *The Negro in Colonial New England*, 171.

39   Os escravocratas começaram a se abrir mais: Greene, *The Negro in Colonial New England*, 275-276; Jon Sensbach, "Slaves to Intolerance: African American Christianity and Religious Freedom in Early America", in *The First Prejudice: Religious Tolerance and Intolerance in Early America*, ed. Chris Beneke e Christopher S. Grenda (Philadelphia: University of Pennsylvania Press, 2011), 208-209; Kenneth P. Minkema, "Jonathan Edwards's Defense of Slavery", *Massachusetts Historical Review* 4 (2002): 23, 24, 40; Francis D. Adams e Barry Sanders, *Alienable Rights: The Exclusion of African Americans in a White Man's Land, 1619–2000* (Nova York: HarperCollins, 2003), 40-41.

39   Cotton Mather envelhecia: Silverman, *Life and Times of Cotton Mather*, 372-419.

Parte 2: 1743 — 1826

CAPÍTULO 5: Prova na poesia

43   Franklin fundou um clube chamado American Philosophical Society: Benjamin Franklin, "A Proposal for Promoting Useful Knowledge Among the British Plantations in America", *Transactions of the Literary and Philosophical Society of Nova York* 1, n. 1 (1815): 89-90.

44   em uma casa onde nativos americanos eram convidados: Thomas Jefferson, "To John Adams", in *The Writings of Thomas Jefferson*, ed. H. A. Washington (Washington, DC: Taylor and Maury, 1854), 61.

44   quando seus "amigos" africanos começaram a contar para ele os horrores da escravidão: Thomas Jefferson, *Notes on the State of Virginia* (Londres: J. Stockdale, 1787), 271.

45   Phillis Wheatley estava sendo examinada em um microscópio: Henry Louis Gates, *The Trials of Phillis Wheatley: America's First Black Poet and Her Encounters with the Founding Fathers* (Nova York: Basic Civitas, 2010), 14.

45   uma cativa trazida da Senegâmbia em um navio: Vincent Carretta, *Phillis Wheatley: Biography of a Genius in Bondage* (Athens: University of Georgia Press, 2011), 4-5, 7-8, 12-14; Kathrynn Seidler Engberg, *The Right to Write: The Literary Politics of Anne Bradstreet and Phillis Wheatley* (Lanham, MD: University Press of America, 2010), 35-36.

45   porque era uma "filha": Carretta, *Phillis Wheatley*, 1-17, 37-38.

45   reuniu dezoito dos homens mais inteligentes do país: Gates, *The Trials of Phillis Wheatley*, 14.

47   Wheatley estava sendo exibida em Londres como uma estrela: Carretta, *Phillis Wheatley*, 91, 95-98; Gates, *Trials of Phillis Wheatley*, 33-34; Phillis Wheatley, *Poems on Various Subjects, Religious and Moral* (Londres: A. Bell, 1773).

CAPÍTULO 8: Anotações de Jefferson

53   se sentou para escrever a Declaração da Independência: Meacham, *Thomas Jefferson*, 103.

54   they were running away from plantations all over the South: Jacqueline Jones, A Dreadful Deceit: The Myth of Race from the Colonial Era to Obama's America (Nova York: Basic Books, 2013), 64.

54 slavery was a "cruel war against human nature": Joseph J. Ellis, American Sphinx: The Character of Thomas Jefferson (Nova York: Alfred A. Knopf, 1997), 27-71; Meacham, Thomas Jefferson, 106.

55 expressou o que realmente pensava sobre as pessoas negras: Jefferson, *Notes on the State of Virginia*, 229.

55 excelentes ferreiros, sapateiros, pedreiros: Herbert Aptheker, *Anti-Racism in U.S. History: The First Two Hundred Years* (Nova York: Greenwood Press, 1992), 47-48.

55 Fugiu. Para a França: Meacham, *Thomas Jefferson*, xxvi, 144, 146, 175, 180.

55 Jefferson estava mandando seus escravizados trabalharem mais ainda: Adams e Sanders, *Alienable Rights*, 88-89; Meacham, *Thomas Jefferson*, 188-189; Thomas Jefferson, "To Brissot de Warville, February 11, 1788", in *The Papers of Thomas Jefferson*, 12:577-578.

57 Cada cinco escravizados equivaliam a três humanos: David O. Stewart, *The Summer of 1787: The Men Who Invented the Constitution* (Nova York: Simon and Schuster, 2007), 68-81.

57 africanos escravizados se revoltaram contra o governo francês: Meacham, *Thomas Jefferson*, 231-235, 239, 241, 249, 254.

CAPÍTULO 9: Persuasão pela ascensão

59 os abolicionistas encorajavam as pessoas recém-libertas: Leon F. Litwack, *North of Slavery: The Negro in the Free States, 1790–1860* (Chicago: University of Chicago Press, 1961), 18-19; Joanne Pope Melish, "The 'Condition' Debate and Racial

Discourse in the Antebellum North", *Journal of the Early Republic* 19 (1999), 651-657, 661-665.

CAPÍTULO 10: O grande do contra

61 Os Prosser estavam planejando uma rebelião: Herbert Aptheker, *American Negro Slave Revolts* (Nova York: International Publishers, 1963), 222-223.

62 brotaram novas ideias racistas do solo da escravidão: Larry E. Tise, *Proslavery: A History of the Defense of Slavery in America, 1701–1840* (Athens: University of Georgia Press, 1987), 58.

62 Charles Fenton Mercer, e um clérigo antiescravidão: Charles Fenton Mercer, *An Exposition of the Weakness and Inefficiency of the Government of the United States of North America* (n. p., 1845), 173, 284.

62 As pessoas negras não queriam "voltar": Scott L. Malcomson, *One Drop of Blood: The American Misadventure of Race* (Nova York: Farrar, Straus, and Giroux, 2000), 191; Robert Finley, "Thoughts on the Colonization of Free Blacks", *African Repository and Colonial Journal* 9 (1834), 332-334.

63 não fez nada para acabar com a escravidão doméstica: Angela Y. Davis, *Women, Race & Class* (Nova York: Vintage Books, 1983), 7; Thomas, *Slave Trade*, 551-552, 568-572; Peter Kolchin, American Slavery, 1619–1877, rev. ed. (Nova York: Hill and Wang, 2003), 93-95; Thomas Jefferson, "To John W. Eppes, June 30, 1820", in *Thomas Jefferson's Farm Book: With Commentary and Relevant Extracts from Other Writings*, ed. Edwin Morris Betts (Princeton, NJ: Princeton University Press, 1953), 46.

65 quase como se fosse mandar as pessoas negras para casa depois de uma temporada em um acampamento de verão: Thomas Jefferson to Jared Sparks Monticello, 4 fev. 1824, *The Letters of Thomas Jefferson, 1743–1826*, American History, www.let.rug.nl/usa/presidents/thomas-jefferson/letters-of-thomas-jefferson/jefl276.php.

66 tão doente que não pôde comparecer ao quinquagésimo aniversário: Meacham, *Thomas Jefferson*, 488.

66 Jefferson parecia estar lutando pela vida: Silvio A. Bedini, *Thomas Jefferson: Statesman of Science* (Nova York: Macmillan, 1990), 478-480; Meacham, *Thomas Jefferson*, 48, 492-496.

Parte 3: 1826 — 1879

CAPÍTULO 11: Comunicação em massa para a emancipação em massa

72 esses legados eram profundamente entrelaçados à escravidão: Wilder, *Ebony & Ivy*, 255, 256, 259, 265-266.

72 Garrison tinha se aproximado mais do abolicionismo: Henry Mayer, *All on Fire: William Lloyd Garrison and the Abolition of Slavery* (Nova York: St. Martin's Press, 1998), 62-68.

73 Em seu primeiro editorial, Garrison mudou suas perspectivas: William Lloyd Garrison, "To the Public", *Liberator*, 1 jan. 1831.

74 Que ele tinha sido chamado por Deus para planejar e executar uma enorme cruzada: Aptheker, *American Negro Slave Revolts*, 293-295, 300-307; Blum and Harvey, *The Color of Christ*, 123; Nat Turner e Thomas R. Gray, *The Confessions of Nat Turner* (Richmond: T. R. Gray, 1832), 9-10.

74 membros decidiram apostar na nova tecnologia de impressão
em massa: Mayer, *All on Fire*, 195; Russel B. Nye, *William Lloyd Garrison and the Humanitarian Reformers, Library of American Biography* (Boston: Little, Brown, 1955), 81-82.

CAPÍTULO 12: Pai Tomás

75 Samuel Morton, o pai da antropologia estadunidense, estava medindo crânios humanos: Samuel George Morton, *Crania Americana* (Philadelphia: J. Dobson, 1839), 1-7.

75 pessoas negras livres eram loucas: Edward Jarvis, "Statistics of Insanity in the United States", *Boston Medical and Surgical Journal* 27, n. 7 (1842): 116-121.

76 houve um Egito "branco" que tinha escravos negros: William Ragan Stanton, *The Leopard's Spots: Scientific Attitudes toward Race in America, 1815–59* (Chicago: University of Chicago Press, 1960), 45-53, 60-65; George M. Fredrickson, *The Black Image in the White Mind: The Debate on Afro-American Character and Destiny, 1817–1914* (Middletown, CT: Wesleyan University Press, 1987), 74-75; H. Shelton Smith, *In His Image, But . . .: Racism in Southern Religion, 1780–1910* (Durham, NC: Duke University Press, 1972), 144; Litwack, *North of Slavery*, 46.

77 nos Estados Unidos os políticos pró-escravidão — agora com o Texas como um estado escravocrata: Juan González e Joseph Torres, *News for All the People: The Epic Story of Race and the American Media* (Londres: Verso, 2011), 118-119.

CAPÍTULO 13: Abe, o complicado

82 se o trabalho não fosse remunerado, o que exatamente as pessoas brancas e pobres fariam para ganhar dinheiro: Hinton Rowan

Helper, *The Impending Crisis of the South: How to Meet It* (Nova York: Burdick Brothers, 1857), 184.

82 Garrison, embora um crítico de Lincoln, guardou suas críticas para si mesmo: Mayer, *All on Fire*, 474-477.

83 começou com a Carolina do Sul. Esse estado se separou da União: "Declaration of the Immediate Causes Which Induce and Justify Secession of South Carolina from the Federal Union", *The Avalon Project: Documents in Law, History and Diplomacy, Lillian Goldman Law Library*, Yale Law School, http://avalon.law.yale.edu/19th_century/csa_scarsec.asp; Roediger, *How Race Survived U.S. History*, 70-71; Eric Foner, *Reconstruction: America's Unfinished Revolution, 1863—1877* (Nova York: Perennial Classics, 2002), 25; Eric Foner, *The Fiery Trial: Abraham Lincoln and American Slavery* (Nova York: W. W. Norton, 2010), 146-147; Myron O. Stachiw, "'For the Sake of Commerce': Slavery, Antislavery, and Northern Industry", in *The Meaning of Slavery in the North*, ed. David Roediger e Martin H. Blatt (Nova York: Garland, 1998), 33-35.

84 Os soldados da União estavam fazendo cumprir o Fugitive Slave Act: William C. Davis, *Look Away!: A History of the Confederate States of America* (Nova York: Free Press, 2002), 142-143.

84 "Todas as pessoas mantidas como escravas em qualquer estado": Abraham Lincoln, "Preliminary Emancipation Proclamation", 22 set. 1862, *National Archives and Records Administration*, www.archives.gov/exhibits/american_originals_iv/sections/transcript_preliminary_emancipation.html.

84 400 mil pessoas negras haviam escapado de suas plantações para encontrar as fileiras da União: Foner, *Fiery Trial*, 238-247; Paul D. Escott, "What Shall We Do with the Negro?"

Lincoln, White Racism, and Civil War America (Charlottesville: University of Virginia Press, 2009), 62-63.

85   De que adiantava ser livre se essas pessoas não tinham para onde ir: "Account of a Meeting of Black Religious Leaders in Savannah, Georgia, with the Secretary of War and the Commander of the Military Division of the Mississippi", in *Freedom: A Documentary History of Emancipation, 1861—1867*, series 1, vol. 3, ed. Ira Berlin et al. (Nova York: Cambridge University Press, 1982), 334-335.

85   Elas corriam até ele na rua: Foner, *Reconstruction*, 73.

85   que as pessoas negras (as inteligentes) deveriam ter o direito de votar: Foner, *Reconstruction*, 31, 67-68; Foner, *Fiery Trial*, 330-331.

85   ele levou um tiro na nuca: Terry Alford, *Fortune's Fool: The Life of John Wilkes Booth* (Nova York: Oxford University Press, 2015), 257.

CAPÍTULO 14: A última jogada de Garrison

87   seu trabalho como abolicionista tinha acabado: Foner, *Reconstruction*, 67; Adams e Sanders, *Alienable Rights*, 196-197; Hans L. Trefousse, *Andrew Johnson: A Biography* (Nova York: W. W. Norton, 1989), 183; Clifton R. Hall, *Andrew Johnson: Military Governor of Tennessee* (Princeton, NJ: Princeton University Press, 1916), 102.

89   ninguém poderia ser proibido de votar: Foner, *Reconstruction*, 446-447; Fredrickson, *The Black Image in the White Mind*, 185-186; C. Vann Woodward, *American Counterpoint: Slavery and Racism in the NorthSouth Dialogue* (Boston: Little, Brown, 1971), 177-179.

89 Pessoas negras de Boston a Richmond: Forrest G. Wood, *Black Scare: The Racist Response to Emancipation and Reconstruction* (Berkeley: University of California Press, 1968), 102.

90 Ele queria emancipação imediata: Adams e Sanders, *Alienable Rights*, 228; Foner, *Reconstruction*, 598-602; Mayer, *All on Fire*, 624-626.

Parte 4: 1868 — 1963

CAPÍTULO 15: Disputa de gênios negros

95 Willie viveu sua primeira experiência racial: David Levering Lewis, *W. E. B. Du Bois: Biography of a Race, 1868–1919* (Nova York: Henry Holt, 1993), 11-37.

96 mandaram o jovem Willie para a Fisk University: Lewis, *W. E. B. Du Bois, 1868–1919*, 51-76.

96 deu os créditos a Jefferson Davis: Lewis, *W. E. B. Du Bois, 1868–1919*, 100-102.

97 mestiços eram praticamente iguais a qualquer homem branco: Albert Bushnell Hart, *The Southern South* (Nova York: D. Appleton, 1910), 99-105, 134; Lewis, *W. E. B. Du Bois, 1868–1919*, 111-113.

97 Du Bois não era o único homem negro: Giddings, *When and Where I Enter*, 18; Ida B. Wells, *Southern Horrors: Lynch Law in All Its Phases* (Nova York: New York Age, 1892), www.gutenberg.org/files/14975/14975-h/14975-h.htm; Adams e Sanders, *Alienable Rights*, 231-232.

97 ela descobriu que de uma amostra de 728 relatos de linchamento: Giddings, *When and Where I Enter*, 18; Ida B. Wells, *Southern Horrors*; Adams e Sanders, *Alienable Rights*, 231-232.

98 Sobre o ativismo privado pelos direitos civis praticado por Washington, ver David H. Jackson, *Booker T. Washington and the Struggle Against White Supremacy: The Southern Educational Tours, 1908–1912* (Nova York: Palgrave Macmillan, 2008); David H. Jackson, *A Chief Lieutenant of the Tuskegee Machine: Charles Banks of Mississippi* (Gainesville: University Press of Florida, 2002).

99 histórias de brancos salvadores — estavam se tornando uma fixação da mídia estadunidense: Booker T. Washington, *Up from Slavery: An Autobiography* (Nova York: Doubleday, Page, 1901).

100 Du Bois introduziu a ideia de consciência dupla: Aptheker, *AntiRacism in U.S. History*, 25; W. E. B. Du Bois, *The Souls of Black Folk: Essays and Sketches* (Chicago: A. C. McClurg, 1903), 11-12.

100 Um em cada dez, ele acreditava, eram dignos do trabalho: Du Bois, *The Souls of Black Folk*, 53.

100 delineando similaridades entre a forma como seu povo era maltratado na Alemanha: Sander Gilman, *Jewish Frontiers: Essays on Bodies, Histories, and Identities* (Nova York: Palgrave Macmillan, 2003), 89.

100 uma história africana — não era uma história de inferioridade: Michael Yudell, *Race Unmasked: Biology and Race in the Twentieth Century* (Nova York: Columbia University Press, 2014), 48-49; W. E. B. Du Bois, *Black Folk Then and Now: An Essay in the History and Sociology of the Negro Race* (Nova York: Henry Holt, 1939), vii.

101 Cento e sessenta e sete soldados para ser exato: Lewis, *W. E. B. Du Bois, 1868–1919*, 331-333; Theodore Roosevelt, "Sixth

Annual Message", 3 dez. 1906, in Gerhard Peters e John T. Woolley, *American Presidency Project*, www.presidency.ucsb. edu/ws/?pid=29547.

101 Washington também teve que sentir raiva: Lewis, *W. E. B. Du Bois, 1868–1919*, 332.

CAPÍTULO 16: Jack Johnson *versus* Tarzan

105 Johnson foi preso sob falsas acusações: John Gilbert, *Knuckles and Gloves* (Londres: W. Collins Sons, 1922), 45; González e Torres, *News for All the People*, 209-211; Geoffrey C. Ward, *Unforgivable Blackness: The Rise and Fall of Jack Johnson* (Nova York: Alfred A. Knopf, 2004), 115-116.

106 Ele se tornou um fenômeno cultural: Curtis A. Keim, *Mistaking Africa: Curiosities and Inventions of the American Mind*, 3. ed. (Boulder: Westview Press, 2014), 48; Emily S. Rosenberg, *Financial Missionaries to the World: The Politics and Culture of Dollar Diplomacy, 1900–1930* (Durham, NC: Duke University Press, 2003), 201-203.

CAPÍTULO 18: A missão está no nome

111 Quem você acha que vendeu mais livros: W. E. B. Du Bois, *The Autobiography of W. E. B. Du Bois: A Soliloquy on Viewing My Life from the Last Decade of Its First Century* (Nova York: International Publishers, 1968), 227-229.

112 ele ficou confuso, sem saber se a NAACP era uma organização negra: David Levering Lewis, *W. E. B. Du Bois: The Fight for Equality and the American Century, 1919–1963* (Nova York: Henry Holt, 1993), 50-55.

113 o fato de terem recebido um tratamento decente no estrangeiro daria muita confiança para os soldados negros: Ira Katznelson, *When Affirmative Action Was White: An Untold History of Racial Inequality in Twentieth-Century America* (Nova York: W. W. Norton, 2005), 84-86.

114 em 1919, quando muitos daqueles soldados chegaram em casa: Katznelson, *When Affirmative Action Was White*, 84-86.

114 1919 foi o verão mais sangrento: Cameron McWhirter, *Red Summer: The Summer of 1919 and the Awakening of Black America* (Nova York: Henry Holt, 2011), 10, 12-17, 56-59.

114 uma das coisas mais revolucionárias que ele fez nessa coleção: W. E. B. Du Bois, *Darkwater: Voices from Within the Veil* (Nova York: Harcourt, Brace, and Howe, 1920), 166, 168, 185-186.

114 agia como se fosse uma pessoa negra superior: Lewis, *W. E. B. Du Bois, 1919–1963*, 20-23.

114 se você não era como ele — de pele clara e hipereducado: Kathy Russell-Cole, Midge Wilson e Ronald E. Hall, *The Color Complex: The Politics of Skin Color Among African Americans* (Nova York: Harcourt, Brace, Jovanovich, 1992), 26, 30-32; Giddings, *When and Where I Enter*, 178; Lewis, *W. E. B. Du Bois, 1919–1963*, 66-71.

115 o acusou de fraude postal: Lewis, *W. E. B. Du Bois, 1919-1963*, 77-84, 118-128, 148-152.

CAPÍTULO 19: Cantar, dançar e escrever não adianta

117 ele conheceu muitos dos jovens artistas negros: Lewis, *W. E. B. Dubois, 1919–1963*, 153-159, 161-166; Alain Locke, "The New

Negro", in *The New Negro: Voices of the Harlem Renaissance*, ed. Alain Locke (Nova York: Simon and Schuster, 1992), 15.

117 Havia um grupo resistente de artistas surgido em 1926: Valerie Boyd, *Wrapped in Rainbows: The Life of Zora Neale Hurston* (Nova York: Simon and Schuster, 1997), 116-119; Wallace Thurman, *The Blacker the Berry* (Nova York: Simon and Schuster, 1996).

118 Era de boa ser um artista negro sem ter que sentir insegurança: Langston Hughes, "The Negro Artist and the Racial Mountain", *The Nation*, jun. 1926.

119 pessoas brancas inocentes foram torturadas: Claude G. Bowers, *The Tragic Era: The Revolution After Lincoln* (Cambridge, MA: Riverside, 1929), vi.

119 a Reconstrução foi reprimida: Lewis, *W. E. B. Du Bois, 1919–1963*, 320-324; W. E. B. Du Bois, *Black Reconstruction in America: An Essay Towards a History of the Part Which Black Folk Played in the Attempt to Reconstruct Democracy in America, 1860–1880* (Nova York: Atheneum, 1971), 700, 725; David R. Roediger, *The Wages of Whiteness: Race and the Making of the American Working Class*, ed. rev. (Londres: Verso, 2007).

120 Mas em 1933, Du Bois não queria saber desse método: Lewis, *W. E. B. Du Bois, 1919–1963*, 256-265, 299-301, 306-311.

120 criticando faculdades negras por seus currículos: Lewis, *W. E. B. Du Bois, 1919–1963*, 295-297, 300-314; James D. Anderson, *The Education of Blacks in the South, 1860–1935* (Chapel Hill: University of North Carolina Press, 1988), 276-277; Carter G. Woodson, *The Miseducation of the Negro* (Mineola, NY: Dover, 2005), 55.

120 havia lugar, talvez até uma importância significativa, para uma separação voluntária não discriminatória: W. E. B. Du Bois, "On Being Ashamed", *The Crisis*, set. 1933; W. E. B. Du Bois, "Pan-Africa and New Racial Philosophy", *The Crisis*, nov. 1933; W. E. B. Du Bois, "Segregation", *The Crisis*, jan. 1934.

CAPÍTULO 20: Lar é onde o ódio está

124 Esses representantes não fizeram a reivindicação politicamente racista: Lewis, *W. E. B. Du Bois, 1919-1963*, 510-515.

124 esse problema racial estava começando a afetar suas relações: Robert L. Fleeger, "Theodore G. Bilbo and the Decline of Public Racism, 1938–1947", *Journal of Mississippi History* 68, n. 1 (2006), 2-3.

124 No dia 2 de fevereiro de 1948, Truman encorajou o Congresso: Harry S. Truman, "Special Message to the Congress on Civil Rights", 2 fev. 1948, in Gerhard Peters e John T. Woolley, *The American Presidency Project*, www.presidency.ucsb.edu/ ws/?pid=13006; Robert A. Caro, *Means of Ascent: The Years of Lyndon Johnson*, vol. 2 (Nova York: Vintage, 1990), 125; Francis Njubi Nesbitt, *Race for Sanctions: African Americans Against Apartheid, 1946–1994* (Bloomington: Indiana University Press, 2004), 9-10.

125 Esse caso deu origem ao movimento pela liberdade de moradia: Thomas J. Sugrue, *The Origins of the Urban Crisis: Race and Inequality in Postwar Detroit, Princeton Studies in American Politics* (Princeton, NJ: Princeton University Press, 1996), 181-258; Douglas S. Massey e Nancy A. Denton, *American Apartheid: Segregation and the Making of the Underclass* (Cambridge, MA: Harvard University Press, 1993), 49-51.

125 segregação racial em escolas públicas era inconstitucional: *Brown v. Board of Education of Topeka*, 347 U.S. 483 (1954), https://supreme.justia.com/cases/federal/us/347/483/case.html#T10.

126 os estudantes estavam organizando protestos: Lewis, *W. E. B. Du Bois, 1919–1963*, 566.

126 *O sol é para todos* foi basicamente um *A casa do pai Tomás*: Isaac Saney, "The Case Against *To Kill a Mockingbird*", *Race & Class* 45, n. 1 (2003): 99-110.

128 "Hoje estamos comprometidos com uma luta mundial": Mary L. Dudziak, *Cold War Civil Rights: Race and the Image of American Democracy* (Princeton, NJ: Princeton University Press, 2000), 169-187.

129 W. E. B. Du Bois, dormindo, tinha morrido: Dudziak, *Cold War Civil Rights*, 187-200, 216-219; Du Bois, *W. E. B. Du Bois, 1868-1919*, 2.

Parte 5: 1963 — Hoje

CAPÍTULO 21: Quando a morte vem

133 Ela conhecia aqueles nomes: Angela Y. Davis, *Angela Davis: An Autobiography* (Nova York: International Publishers, 1988), 128-131.

134 que nunca — apesar da pressão — desejaria ser branca: Davis, *Autobiography*, 77-99.

134 pessoas brancas incapazes de perceber que elas eram o padrão: Davis, *Autobiography*, 101-112.

134 um complexo de inferioridade forçado: Davis, *Autobiography*, 117-127.

135 Ele deu início a uma investigação: John F. Kennedy, "Statement by the President on the Sunday Bombing in Birmingham", 16 set. 1963, Gerhard Peters e John T. Woolley, *The American Presidency Project*, www.presidency.ucsb.edu/ws/?pid=9410.

135 o projeto de lei dos direitos civis no qual Kennedy estava trabalhando: Lyndon B. Johnson, "Address to a Joint Session of Congress", 27 nov. 1963, *Public Papers of the Presidents of the United States: Lyndon B. Johnson, 1963-1964*, vol. 1, entrada 11 (Washington, DC: US Government Printing Office, 1965), 8-10.

136 Quem garantiria que as leis seriam respeitadas: Dudziak, *Cold War Civil Rights*, 208-214, 219-231; Malcolm X, "Appeal to African Heads of State", in *Malcolm X Speaks: Selected Speeches and Statements*, ed. George Breitman (Nova York: Grove Press, 1965), 76.

136 todos — o Norte e o Sul — odiavam pessoas negras: Dan T. Carter, *The Politics of Rage: George Wallace, the Origins of the New Conservatism, and the Transformation of American Politics* (Baton Rouge: Louisiana State University Press, 2000), 344.

136 o auxílio do governo, que as pessoas brancas vinham recebendo: Adams e Sanders, *Alienable Rights*, 287-291; Barry M. Goldwater, *The Conscience of a Conservative* (Washington, DC: Regnery, 1994), 67.

137 Que vantagens ele garantiu para o SNCC e para o MFDP: Chana Kai Lee, *For Freedom's Sake: The Life of Fannie Lou Hamer, Women in American History* (Urbana: University of Illinois

Press, 1999), 89, 99; Cleveland Sellers e Robert L. Terrell, *The River of No Return: The Autobiography of a Black Militant and the Life and Death of SNCC* (Jackson: University Press of Mississippi, 1990), 111.

137 Quando James Baldwin; Quando o Dr. Martin Luther King: "Baldwin Blames White Supremacy", *New York Post*, 22 fev. 1965; Telegrama de Martin Luther King Jr. para Bettyal-Shabazz, 26 fev. 1965, *The Martin Luther King Jr. Research and Education Institute*, Stanford University, http://kingencyclopedia.stanford.edu/encyclopedia/documentsentry/telegram_from_martin_luther_king_jr_to_betty_al_shabazz/.

138 "A vida de Malcolm X foi estranha": "Malcolm X", editorial, *New York Times*, 22 fev. 1965.

138 Malcolm X deixou carimbado que ele era a favor da verdade: Eliot Fremont-Smith, "An Eloquent Testament", *New York Times*, 5 nov. 1965; Malcolm X e Alex Haley, *The Autobiography of Malcolm X* (Nova York: Ballantine, 1999).

139 o Voting Rights Act se tornaria o documento mais efetivo da legislação antirracista: US House of Representatives, "Voting Rights Act of 1965", House Report 439, 89th Cong., 1st sess. (Washington, DC: US Government Printing Office, 1965), 3.

CAPÍTULO 22: Black Power

141 o papel racista do simbolismo da linguagem: Davis, *Autobiography*, 133-139; Russell-Cole et al., *The Color Complex*, 59-61.

142 *black* se referia aos antirracistas: Ayana D. Byrd e Lori L. Tharps, *Hair Story: Untangling the Roots of Black Hair in America* (Nova York: St. Martin's Press, 2001).

142 "A partir de agora, dizemos 'poder preto'!": Peniel E. Joseph, *Waiting 'Til the Midnight Hour: A Narrative History of Black Power in America* (Nova York: Henry Holt, 2006), 141-142.

144 A plataforma dos dez pontos: Joshua Bloom e Waldo E. Martin, *Black Against Empire: The History and Politics of the Black Panther Party* (Berkeley: University of California Press, 2013), 70-73.

144 ampliou o movimento Black Power: "New Black Consciousness Takes Over College Campus", *Chicago Defender*, 4 dez. 1967.

147 introduzir departamentos, programas e cursos voltados para os Estudos Negros: Ibram H. Rogers, *The Black Campus Movement: Black Students and the Racial Reconstitution of Higher Education, 1965-1972* (Nova York: Palgrave Macmillan, 2012), 114; Hillel Black, *The American Schoolbook* (Nova York: Morrow, 1967), 106; Joseph Moreau, *Schoolbook Nation: Conflicts over American History Textbooks from the Civil War to the Present* (Ann Arbor: University of Michigan Press, 2003).

147 trabalhar na campanha da primeira mulher negra a concorrer para a presidência dos Estados Unidos: Davis, *Autobiography*, 180-191.

CAPÍTULO 23: Foi caso de assassinato

149 sem realmente dizer "pessoas negras": Dan T. Carter, *From George Wallace to Newt Gingrich: Race in the Conservative Counterrevolution* (Baton Rouge: Louisiana State University Press, 1996), 27; John Ehrlichman, *Witness to Power: The Nixon Years* (Nova York: Simon and Schuster, 1982), 223.

149 o nome que os historiadores deram: "estratégia sulista": Carter, *From George Wallace to Newt Gingrich*, 27; Ehrlichman, *Witness to Power*, 223.

150 ela fazia parte do Partido Comunista: Davis, *Autobiography*, 216-223; Earl Ofari Hutchinson, *Betrayed: A History of Presidential Failure to Protect Black Lives* (Boulder: Westview Press, 1996), 145-149.

150 foram acusados de assassinar um guarda da prisão: Davis, *Autobiography*, 250-255, 263-266.

152 Na sua cabeça, ela não estaria livre: Davis, *Autobiography*, 359.

153 a masculinidade negra era o que dava tanto medo nos homens brancos: Charles Herbert Stember, *Sexual Racism: The Emotional Barrier to an Integrated Society* (Nova York: Elsevier, 1976).

153 a partir de sua perspectiva de mulher negra e lésbica: Audre Lorde, "Age, Race, Class, and Sex: Women Redefining Difference", in *Sister Outsider: Essays and Speeches*, ed. Audre Lorde (Berkeley, CA: Crossing Press, 2007), 115.

153 Ntozake Shange usou sua energia criativa e antirracista: Salamishah Tillet, "Black Feminism, Tyler Perry Style", *The Root*, 11 nov. 2010, www.theroot.com/articles/culture/2010/11/a_feminist_analysis_of_tyler_perrys_for_colored_girls.html.

155 Rocky simbolizava o orgulho da masculinidade supremacista branca, que se recusava a ser nocauteada: Ed Guerrero, *Framing Blackness: The African American Image in Film* (Philadelphia: Temple University Press, 1993), 113-138.

CAPÍTULO 24: Que guerra contra as drogas?

158 apenas dois por cento da população via as drogas como a questão mais urgente do país: Michael K. Brown et al., *Whi-*

tewashing Race: The Myth of a Color-Blind Society (Berkeley: University of California Press, 2003), 136-137; Michelle Alexander, *The New Jim Crow: Mass Incarceration in the Age of Colorblindness* (Nova York: New Press, 2010), 5-7, 49; Julian Roberts, "Public Opinion, Crime, and Criminal Justice", in *Crime and Justice: A Review of Research*, vol. 16, ed. Michael Tonry (Chicago: University of Chicago Press, 1992); Ronald Reagan, "Remarks on Signing Executive Order 12368, Concerning Federal Drug Abuse Policy Functions", 24 jun. 1982, Gerhard Peters e John T. Woolley, *The American Presidency Project*, www.presidency.ucsb.edu/ws/?pid=42671.

158 Reagan dobrou suas apostas na guerra contra as drogas: "Reagan Signs Anti-Drug Measure; Hopes for 'Drug-Free Generation'", *New York Times*, 28 out. 1968, www.nytimes.com/1986/10/28/us/reagan-signs-anti-drug-measure-hopes-for-drug-free-generation.html.

158 Encarceramento em massa da população negra: The Sentencing Project, "Crack Cocaine Sentencing Policy: Unjustified and Unreasonable", abr. 1997.

160 Charles Krauthammer [...] inventou o termo *crack baby*: Charles Krauthammer, "Children of Cocaine", *Washington Post*, 30 jul. 1989.

160 Não havia nenhum dado científico para provar isso: Washington, *Medical Apartheid*, 212-215; "'Crack Baby' Study Ends with Unexpected but Clear Result", *Philadelphia Inquirer*, 22 jul. 2013, http://articles.philly.com/2013-07-22/news/40709969_1_hallam-hurt-so-called-crack-babies-funded-study.

CAPÍTULO 25: A trilha sonora da dor e da subversão

162 apenas homens negros dirigiram grandes produções negras em 1991: Guerrero, *Framing Blackness*, 157-167.

163 Clarence Thomas tinha sido acusado: Manning Marable, *Race, Reform, and Rebellion: The Second Reconstruction and Beyond in Black America, 1945-2006* (Jackson: University Press of Mississippi, 2007), 216-217; Earl Ofari Hutchinson, *The Assassination of the Black Male Image* (Nova York: Simon and Schuster, 1996), 63-70; Duchess Harris, *Black Feminist Politics from Kennedy to Clinton, Contemporary Black History* (Nova York: Palgrave Macmillan, 2009), 90-98; Deborah Gray White, *Too Heavy a Load: Black Women in Defense of Themselves, 1894-1994* (Nova York: W. W. Norton, 1999), 15-16.

163 se afastou do Partido Comunista: Joy James, "Introduction", in *The Angela Y. Davis Reader*, ed. Joy James (Malden, MA: Blackwell, 1998), 9-10.

166 ela propôs um "novo abolicionismo": Angela Y. Davis, "Black Women and the Academy", in *The Angela Y. Davis Reader*, 222-231.

166 Violent Crime Control and Law Enforcement Act: Alexander, *The New Jim Crow*, 55-59; Marable, *Race, Reform, and Rebellion*, 218-219; Bill Clinton, "1994 State of the Union Address", 25 jan. 1994, www.washingtonpost.com/wp-srv/politics/special/states/docs/sou94.htm; Ben Schreckinger e Annie Karni, "Hillary's Criminal Justice Plan: Reverse Bill's Policies", *Politico*, 30 abr. 2014, www.politico.com/story/2015/04/hillary-clintons-criminal-justice-plan-reverse-bills-policies-117488.html.

CAPÍTULO 26: A força de um milhão

168 eram intelectualmente inferiores em virtude da genética ou do ambiente: Richard J. Herrnstein e Charles A. Murray, *The Bell Curve: Intelligence and Class Structure in American Life* (Nova York: Free Press, 1994), xxv, 1-24, 311-312, 551; Dorothy E. Roberts, *Killing the Black Body: Race, Reproduction, and the Meaning of Liberty* (Nova York: Pantheon Books, 1997), 270.

168 New Republicans issued their extremely tough "Contract with America": "Republican Contract with America", 1994, ver http://web.archive.org/web/19990427174200/ http://www.house.gov/house/Contract/CONTRACT.html.

169 eles tentaram, mais uma vez, demitir Angela Davis: Marina Budhos, "Angela Davis Appointed to Major Chair", *Journal of Blacks in Higher Education* 7 (1995): 44-45; Manning Marable, "Along the Color Line: In Defense of Angela Davis", *Michigan Citizen*, 22 abr. 1995.

169 O ano de 1995 foi quando o termo *superpredador* foi criado: B. W. Burston, D. Jones e P. Roberson-Saunders, "Drug Use and African Americans: Myth Versus Reality", *Journal of Alcohol and Drug Education* 40 (1995), 19-39; Alexander, *The New Jim Crow*, 122-125; John J. Dilulio Jr., "The Coming of the Super Predators", *Weekly Standard*, 27 nov. 1995.

169 a marcha falhou em seu sexismo: "Black Women Are Split over All-Male March on Washington", *New York Times*, 14 out. 1995.

169 Um livro reunindo seus relatos foi publicado: Mumia Abu--Jamal, *Live from Death Row* (Nova York: HarperCollins, 1996), 4-5.

170 por causa dos protestos, concederam a Mumia uma suspensão indefinida da execução: "August 12 'Day of Protest' Continues Despite Mumia's Stay of Execution", *Sun Reporter*, 10 ago. 1995; Kathleen Cleaver, "Mobilizing for Mumia Abu-Jamal in Paris", in *Liberation, Imagination, and the Black Panther Party: A New Look at the Panthers and Their Legacy*, ed. Kathleen Cleaver e George N. Katsiaficas (Nova York: Routledge, 2001), 51-68.

170 se comprometendo a conduzir "o povo estadunidense em uma longa e inédita conversa sobre raça": William J. Clinton, "Commencement Address at the University of California San Diego in La Jolla, California", 14 jun. 1997, Gerhard Peters e John T. Woolley, *The American Presidency Project*, www.presidency. ucsb.edu/ws/?pid=54268.

CAPÍTULO 27: Cobrança além da conta

173 "O conceito de raça não tem fundamentos genéticos ou científicos": "Remarks Made by the President, Prime Minister Tony Blair of England (via satellite), Dr. Francis Collins, Director of the National Human Genome Research Institute, and Dr. Craig Venter, President and Chief Scientific Officer, Celera Genomics Corporation, on the Completion of the First Survey of the Entire Human Genome Project", 26 jun. 2000, https:// www.genome.gov/10001356.

173 E essa diferença de 0,1% entre os seres humanos *tinha* que ser racial: Nicholas Wade, "For Genome Mappers, the Tricky Terrain of Race Requires Some Careful Navigating", *New York Times*, 20 jul. 2001.

175 o presidente Bush condenou os "malfeitores": Marable, *Race, Reform, and Rebellion*, 240-243.

175 E mais uma vez a culpa foi jogada nas crianças negras: Marable, *Race, Reform, and Rebellion*, 247.

176 Barack Obama, subverteu a mensagem de Cosby: "Transcript: Illinois Senate Candidate Barack Obama", *Washington Post*, 27 jul. 2004.

CAPÍTULO 28: Um milagre, quem sabe?

177 ele reivindicava sua desobrigação de ser um "negro extraordinário": Barack Obama, *Dreams from My Father: A Story of Race and Inheritance* (Nova York: Three Rivers Press, 2004), 98-100.

178 se o estado sulista da Louisiana recebesse "um golpe direto de um furacão de grande porte": "Washing Away", *New Orleans Times-Picayune*, 23-27 jun. 2002; Jessie Daniels, *Cyber Racism: White Supremacy Online and the New Attack on Civil Rights, Perspectives on a Multiracial America* (Lanham, MD: Rowman and Littlefield, 2009), 117-155; Naomi Klein, *The Shock Doctrine: The Rise of Disaster Capitalism* (Nova York: Metropolitan Books / Henry Holt, 2007).

180 falou honestamente sobre seus sentimentos por um país que trabalhou além da conta para matá-lo e assassinar seu povo: "Obama's Pastor: God Damn America, U.S. to Blame for 9/11", *ABC News*, 13 mar. 2008, http://abcnews.go.com/Blotter/DemocraticDebate/story?id=4443788.

180 Angela Davis, votou em um partido político grande pela primeira vez na vida: "On Revolution: A Conversation Between Grace Lee Boggs and Angela Davis", 2 mar. 2012, University of California, Berkeley, vídeo e transcrição, www.radioproject.org/2012/02/grace-lee-boggs-berkeley/.

182 Alicia Garza, Patrisse Cullors e Opal Tometi criaram a hashtag #BlackLivesMatter: "Meet the Woman Who Coined #BlackLivesMatter", *USA Today*, 4 mar. 2015, www.usatoday.com/story/tech/2015/03/04/alicia-garza-black-lives--matter/24341593/.

ÍNDICE REMISSIVO

A

abolicionistas, 55, 59. *Ver também* Garrison, William Lloyd
menonitas, 30-31
Abu-Jamal, Mumia, 169-170
ações afirmativas, 170, 175
Adams, John, 72
Ali, Muhammad, 138, 155
almas da gente negra, As (Du Bois), 99, 100
American Anti-Slavery Society (AASS), 74, 87, 89
American Colonization Society (ACS), 62, 65, 72-73
American Philosophical Society, 43-45
americanos nativos, 31-32, 44
Anti-Drug Abuse Act de 1986, 158
antirracismo (antirracistas), 9, 11-12, 18-19, 44, 88, 103, 146-147, 174-175, 182
Malcolm X e, 127-128, 137-138

Martin Luther King e, 127
Petição de Germantown contra a escravidão (1688), 31
Thomas Jefferson e, 46, 53-55, 66-67
uso do termo, 11, 46
W. E. B. Du Bois, 101, 113-114, 119-121, 123, 126, 145
Appeal to the Coloured Citizens of the World, An (Walker), 73
Arca de Noé, 24
Aristóteles, 23, 26, 27, 29
assimilacionistas, 11-12, 18-19, 104, 153, 171, 175-176
Barack Obama, 181
Benjamin Rush, 46-47
Clarence Thomas, 163
regra dos três quintos e, 57
uso do termo, 11, 46
W. E. B. Du Bois, 96-98, 113-114, 117-118, 119, 120, 145
assistência social, 159, 164, 168-169

ataques de 11 de setembro (2001), 175

Atlanta University, 151

B

bandidos, 149

Baldwin, James, 128, 134, 137

Baxter, Richard, 29

Bell Curve, The (Herrnstein and Murray), 168

Berkeley, William, 32

Best, George, 24

#BlackLivesMatter, 10, 182

Black Macho and the Myth of the Superwoman (Wallace), 154

Black Reconstruction in America: 1860-1880 (Du Bois), 118-121

Boas, Franz, 100-101

bombardeio da Igreja Batista da Sixteenth Street (1963), 133, 135

bombardeio na igreja de Birmingham (1963), 133, 135

Bowers, Claude G., 118-119

boxe, 103-105

Brandeis University, 133, 134

Brown Power, 147

Brown *versus* Conselho de Educação, 125, 126

Brown, James, 146-147, 162

Brown, John, 111

Brown, Michael, 10

brutalidade policial, 10-11, 162-163, 164, 181-182

Burns, Tommy, 103

Burroughs, Edgar Rice, 105-106

Bush, George H. W., 160, 163

Bush, George W., 174, 175, 178

Bush, John Ellis "Jeb", 174

C

cabana do Pai Tomás, A (Stowe), 77-79

Calhoun, John C., 76

Cam, 24, 49

campanha de Birmingham, 127

Carlos II da Inglaterra, 36

Carmichael, Stokely, 142-143, 162

Carta das Nações Unidas, 123

"Carta de uma prisão em Birmingham" (King, Jr.), 127

caso Brownsville, 101

Celera Genomics, 173

Che-Lumumba Club, 147

Christian Directory, A (Baxter), 29

Civil Rights Act de 1875, 135

Civil Rights Act de 1964, 135-136, 138-139

Claremont Colleges Black Studies Center, 152

classificações raciais, 38-39

Clinton, Bill, 164-165, 166, 167, 168, 170, 173-174

Clinton, Hillary, 179

Clutchette, John, 150

códigos negros, 87

Collins, Addie Mae, 133, 134-135

Comitê das Nações Unidas para a Eliminação da Discriminação Racial, 173-174 complexo industrial-prisional, 174, 180

compra do território da Louisiana, 64-65

(o grande) compromisso de Connecticut, 56-57

compromisso do Missouri de 1820, 64-65

Compromisso dos Três Quintos, 56-57

comunidade LGBTQIA+, 153

conferência *Black Women in the Academy* (1994), 165

Conferência das Nações Unidas sobre Organização Internacional (UNICO), 123

Conferência Mundial contra o Racismo (2001), 174-175

Conferência sobre Raça e Cor (1965), 141-142

Congresso Pan-Africano (1945), 123-124

Congress of Racial Equality (CORE), 129

Connor, Eugene "Bull", 127, 128

conquista europeia, 19-20

Constituição da Virgínia, 53

convenção constitucional, 53, 56-57

cor púrpura, A (Walker), 154

Cosby Show, The (programa de TV), 159-160

Cosby, Bill, 159, 175-176, 181

Cotton, John, 25-27, 35

crack baby, 160

Crania Aegyptiaca (Morton), 75-76

Crenshaw, Kimberlé Williams, 162

crime, 98, 168

Bill Clinton e, 164, 166, 167, 168

encarceramento em massa, 158-159, 174

guerra contra as drogas e, 157-158, 160

Crisis, The (jornal), 113

cristianismo, 20-21, 25, 30-31, 33, 77-78. *Ver também* Primeiro Grande Despertar, 39 puritanos

Crônica da descoberta e conquista da Guiné (Zurara), 20-21

Cullors, Patrisse, 182

D

Da próxima vez, o fogo (Baldwin), 134

Dash, Julie, 162

Davis, Angela, 136, 150-153, 174

Barack Obama e, 180-181

bombardeio da igreja de Birmingham e, 133, 134

carreira pedagógica de, 150, 152-153, 163, 169

conferência *Black Women in the Academy* (1994), 165-166

educação de, 133-134, 141, 144-145, 146

movimento Black Power, 144-145, 147, 150

origem de, 133-134

Partido Comunista e, 147, 163-164

prisão de, 150-152

Ronald Reagan e, 15

Davis, Jefferson, 83, 96

Davis, Sallye, 133-134

Décima Quinta Emenda, 89, 97

décimo talentoso, 100, 101, 112

Declaração da Independência, 53, 66

Democratic National Convention (1964), 137

Democratic National Convention (2004), 176

democratas do sul, 107, 124

departamentos de Estudos Negros, 147

descolonização, 123-124

desigualdade racial, 11-12

dessegregação, 124-125, 126-127, 145

dezesseis hectares, 88

Dilulio, John J., 169

Dixiecratas, 124

donos da rua, Os (filme), 162

Double V Campaign, 123

Douglas, Stephen, 81-82

Douglass, Frederick, 76-77, 78, 97, 98, 119

Drumgo, Fleeta, 150

Du Bois, W. E. B., 95-101, 113-114

almas da gente negra, As, 99, 100

antirracismo, 101-102, 113-114, 120-121, 123, 126, 145

assimilacionismo, 96-98, 113-114, 117-118, 119-120

Black Reconstruction in America, 119-121

Booker T. Washington e, 98-101

Décimo Talentoso, 100, 101, 112

Harlem Renaissance e, 117-118

John Brown e, 111

Martin Luther King e, 126

morte de, 129

nascimento de uma nação, O (filme), 108

origem de, 95-96

E

Edwards, Jonathan, 39

escravidão e comércio de escravos, 12, 20-22, 27-28, 45

Constitutional Convention (Convenção da Filadélfia), 53, 56-57

Cotton Mather e, 36-39

justificativas para, 23-28, 29-30

lei de 1807 que proíbe a importação de escravos, 63, 84

puritanos e, 25-28

Thomas Jefferson e, 44-45, 53-57, 61, 62-67

Twenty-Slave Law, 84

Zurara e, 20-22

escravo americano: narrativa da vida de Frederick Douglass, Um, 76

estereótipos raciais, 59, 103-104, 121, 159, 181

"estratégia sulista", 149-150

estupro, 108

eugenia, 112
Exodusters, 90

F

Faça a coisa certa (filme), 162
Farrakhan, Louis, 169
FBI (Federal Bureau of Investigation), 150
Febre da selva (filme), 162
FEMA (Federal Emergency Management Agency), 178
feminismo negro, 152, 162
feminismo, 152, 162
"Fight the Power" (música), 162
Filhas do pó (filme), 162
Finley, Robert, 62, 72
Primeiro Grande Despertar, 39
Fisk University, 96
For Colored Girls Who Have Considered Suicide (Shange), 153-154
Ford, Gerald, 152, 157
Franklin, Benjamin, 43-44
Free Soil Party, 82
furacão Katrina, 177-178
futebol, 71

G

gangsta rap, 165
Garrison, William Lloyd, 71-74, 76, 78, 82, 87-90
Garvey, Marcus, 111-112, 114-115, 119, 120-121
Garza, Alicia, 182
Goldwater, Barry, 136-137
Gore, Al, 173-174

Grande Compromisso, 56-57
Grande Depressão, 120
Grande Migração, 108-109, 111
Gray, Kimani, 10
Griffith, D. W., 108
Guerra Civil, 83-85
guerra contra as drogas, 157-159, 160
Guerra da Independência, 54
Guerra do Vietnã, 147
gueto, 142

H

Haley, Alex, 138, 1550
Hammonds, Evelyn, 165
Harlem Renaissance, 112, 117
Harpers Ferry (invasão), 111
Harris, Darnesha, 10
Harvard College, 26, 27, 32-36, 45, 96
Height, Dorothy, 170
Hemings, Sally, 66
Henrique, o Navegador, 19-20, 21
Herrnstein, Richard, 167
hierarquia humana, 26, 27, 49, 112
hierarquia racial, 26, 27, 49, 112
Hill, Anita, 163
hipersexualidade, 22, 24, 121
hip-hop, 161-162
Historically Black Colleges and Universities (HBCUs), 88, 96
Holliday, George, 162
Hoover, Herbert, 118

Hoover, J. Edgar, 150
Howard University, 142
Hughes, Langston, 118, 184
Humphrey, Hubert, 148
Hurston, Zora Neale, 153

I

Ice Cube, 164
Ice-T, 161
ideias racistas, 11-13, 75, 100-101
recapitulação de, 49-50
fonte de, 12-13
Igreja Anglicana, 25
igualdade entre grupos, 13
Iluminismo, 43
indígenas estadunidenses, 31, 44

J

Jackson, George, 150-151
Jackson, Jesse, 164
Jackson, Jonathan, 151-152
Jackson, Michael, 99
Jefferson, Thomas, 44-45, 53-57, 61, 62-67, 72, 81
Jeffries, James J., 104
João I de Portugal, 20
Johnson, Andrew, 87-89
Johnson, Jack, 103-105
Johnson, Lyndon Baines, 135-137, 138-139, 148
julgamentos das bruxas de Salem, 37-38

K

Kansas, êxodo para o, 90
Kendi, Ibram X., 9-13

Kennedy, John F., 126, 128, 135-136
Kenyatta, Jomo, 123
Kerry, John, 176
King, Martin Luther, Jr., 126-129, 137, 142, 145-146
assassinato de, 146
assassinato de Malcolm X e, 137-138
campanha de Birmingham, 127-129
Marcha de Washington (1963), 128-129
Poor People's Campaign, 145
King, Rodney, 163, 164, 178
Krauthammer, Charles, 160
Ku Klux Klan (KKK), 88, 108, 129n, 137

L

Leão X, papa, 22
leis Jim Crow, 87, 109, 178
lei de 1807 que proíbe a importação de escravos, 63
Lee, Harper, 126
Lee, Spike, 162, 164
Leo Africanus, 22
Liberator, The (jornal), 73, 78, 87
Lincoln, Abraham, 79, 81-85, 87, 118, 178-179, 181
Lincoln-Douglas (debates), 81-82
lista negra, 142
Locke, John, 29
Lorde, Audre, 153

linchamentos, 97
livros de história, 17-19, 95

M

Ma Rainey, 118
Malcolm X, 127-128, 134, 136-138, 142-143, 155
A autobiografia de Malcolm X, 143, 155
Angela Davis e, 134, 136
assassinato de, 137-138
Stokely Carmichael e, 142
Mandela, Winnie, 170
Marcha Contra o Medo (1966), 142
Marcha de Milhões de Mulheres (1997), 170
Marcha de Washington por Trabalho e Liberdade (1963), 128-129
Marcha dos Milhões de Homens (1995), 169-170
Marshall, Thurgood, 163
Martin, Trayvon, 10
Marx, Karl, 120
Massachusetts Institute of Technology (MIT), 165
Mather, Cotton, 35-39
Mather, Increase, 35, 39
Mather, Maria, 35
Mather, Richard, 25-26, 35
Mather, Sarah, 35
MC Lyte, 162
McNair, Carol Denise, 133-134
Memorable Providences, Relating to Witchcrafts and Possessions (Mather), 37

Memórias de um negro americano (Washington), 99
menonitas, 30-31
mercado negro, 142
Mercer, Charles Fenton, 62
Mês da História Negra, 17
Metacomet, 32, 36
Mississippi Freedom Democratic Party (MFDP), 137
Mitchell, Charlene, 147-148, 150
Monroe, James, 62
Monticello, 55, 64, 66
Morrison, Toni, 177
Morton, Samuel, 75
Movimento africano de descolonização, 124
movimento Black Power, 141-148, 155, 162
Movimento de colonização da África, 62, 65, 72-73
Movimento de retorno para a África, 62, 65, 72-73
movimento pelos direitos civis, 126-128
Johnson e, 135-139
Kennedy e, 128
Truman e, 124-125
Murray, Charles, 167-168

N

Nação do Islã, 127, 169
Narrative of Sojourner Truth, The, 77
nascimento de uma nação, O (filme), 108
National Association for the Advancement of Colored People

(NAACP), 111-112, 114, 119-121, 143, 175

National Political Congress of Black Women, 165

Negras raízes: a saga de uma família (Haley), 155

negro (em inglês), 142

"negro extraordinário", 159, 177

New Deal, 120

New Jack City: a gangue brutal (filme), 162

New York Post, 118

New York Times, 138

Newton, Huey P., 144

Niggerati, os, 117-118

Nixon, Richard, 148, 149-150, 152

Nkrumah, Kwame, 123

No Child Left Behind Act de 2003, 175

Notes on the State of Virginia (Jefferson), 55, 63

novos democratas, 164, 166, 168

Novos Negros, 114

N.W.A., 161

O

Obama, Barack, 176, 177-181
teorias conspiratórias sobre a cidadania de, 180

Obama, Michelle, 179

Ordering a Familie (Perkins), 25

origem dos meus sonhos, A (Obama), 177

P

pan-africanismo, 123

Parris, Samuel, 37

Partido Comunista, 147, 150, 163

Partido Democrata, 107, 119, 124, 164, 166, 168-169, 176

Partido dos Panteras Negras, 143-144

Partido Republicano, 107, 119, 150, 168-169, 174

período pós-Segunda Guerra Mundial, 123-124

Perkins, William, 25

Personal Responsibility and Work Opportunity Reconciliation Act, 168

persuasão moral. *Ver* persuasão pela elevação

persuasão pela ascensão, 59-60, 73, 96, 100, 115, 117-119

Petição de Germantown contra a escravidão (1688), 30-31

planeta dos macacos, O (filme), 145-146

plantações tabaco, 27, 38, 55

poligenismo, 30, 75, 78

Poor People's Campaign, 145

Pory, John, 27-28

Primeira Guerra Mundial, 108, 117n

príncipe Henrique, o Navegador, 19-21

privilégios brancos, 32-33, 119

Proclamação da Emancipação, 134

Prosser, Gabriel e Nancy, 61-62
protestos, 126-127
protestos de Greensboro, 126
Public Enemy, 162
puritanos, 23-28, 31-32, 35-39

Q

Queen Latifah, 162

R

raça
genética e, 173-174
uso do termo, 18
racismo, 9, 11-12, 18, 141, 183
científico, 75-76, 112, 167-168
guerra contra as drogas e, 157-160
papel do simbolismo da linguagem, 141-142
racismo biológico. *Ver* racismo científico
racismo da cegueira de cor, 171, 174-175, 178
racismo científico, 75-76, 112, 167-168
racismo simbólico, 141-142
racista (o primeiro do mundo), 17-22
Randolph, Edward, 36
Reagan, Ronald, 150, 157-160, 178
rebelião de Bacon, 32, 35
Reconstrução, 90, 114, 118-119
relações inter-raciais, 38, 162
revoltas de escravos
rebelião de Nat Turner, 74

rebelião dos Prosser, 61-62
Revolução Haitiana, 57, 61
revoltas de Los Angeles (1965), 141
revoltas de Los Angeles (1992), 164
revoltas de Watts, 141
Revolução Americana, 53-54
Revolução Francesa, 57
Revolução Gloriosa, 37
Revolução Haitiana, 57, 61
Rice, Tamir, 10
Robertson, Carole, 133, 134
Rocky (filme), 154-155
Roosevelt, Franklin D., 120, 124
Roosevelt, Theodore, 99, 101
Rowling, J. K., 78
Royal Society, 44
Rush, Benjamin, 46-47

S

Salt-N-Pepa, 161n, 162
San Juan Bautista (navio), 27
San Quentin State Prison, 150
"Say It Loud, I'm Black and I'm Proud" (música), 146, 162
#SayHerName, 182
Seale, Bobby, 144
secessão, 83
segregação, 125, 126-127, 136
segregacionistas, 11, 18-19, 149, 152, 181
"Segregation" (Du Bois), 120
Segunda Guerra Mundial, 123-124

"selvagens", 21-22, 28, 29-30, 46, 49, 51, 78, 85

Seus olhos viam Deus (Hurston), 153

sexismo, 147, 154, 169, 182

Shabazz, Attallah, 170

Shabazz, Ilyasah, 170

Shange, Ntozake, 153

Shelley *versus* Kraemer, 125

Simpson, O. J., 169

Singleton, John, 162

Sister Souljah, 164, 170

Slave Trade Act de 1807, 63

Slick Rick, 161

Smith, Bessie, 118

sol é para todos, O (Lee), 126

Soledad State Prison, 150

Source (revista), 161

South Park (desenho), 10

Southern Christian Leadership Conference (SCLC), 145

Southern Horrors (Wells-Barnett), 97

Southern Negro Youth Congress, 133

Stallone, Sylvester, 154, 157

Stamped from the Beginning (Kendi), 9-12

Stevens, Thaddeus, 88

Stowe, Harriet Beecher, 77-78, 114

Student Non-Violent Coordinating Committee (SNCC), 126-127, 129, 137, 142, 146

sufrágio negro, 87-88

Décima Quinta Emenda e, 89, 97

Lincoln e, 82

superpredador, 169

Suprema Corte dos Estados Unidos

Brown *versus* Conselho de Educação, 125, 126

nomeação de Clarence Thomas, 163

Shelley *versus* Kraemer, 125

supremacia branca, 105, 134, 143, 155, 174

T

Tallmadge, James, Jr., 65

Tarzan, o filho das selvas (Burroughs), 105-106, 145

teoria racial climática, 23-24

teoria racial da maldição, 24-25

teorias raciais (teóricos), 23-26, 29-30

Cotton Mather, 35-39

puritanos, 23-28

Zurara, 20-22, 29

testes de QI, 112, 167-168, 175

testes padronizados, 112, 167-168, 175

Thomas, Clarence, 163

Thurmond, Strom, 124

Till, Emmett, 126

"Todos os homens são criados em igualdade", 53, 67

Tometi, Opal, 182

tráfico de escravizados africanos, 20-22, 27, 29, 63

tráfico português de escravos, 20-22

Tragic Era, The (Bowers), 118
360 Degrees of Power (Sister Souljah), 164
tribo Wampanoag, 31-32
Truman, Harry, 124
Trump, Donald, 180
Truth, Sojourner, 77, 119
Tucker, C. Delores, 165
Turner, Nat, 74
Tuskegee Institute, 97, 98
Twenty-Slave Law, 84

U
união de estudantes negros, 144-145
Universal Negro Improvement Association (UNIA), 112
University of California, Los Angeles (), 150
University of California, San Diego, 144, 146, 170
University of California, Santa Cruz, 163, 169

V
Van Peebles, Mario, 162
Vanini, Lucilio, 30
Venter, Craig, 173
Verão Vermelho, 114
25° Regimento de Infantaria, 101

Villard, Oswald Garrison, 111
Violent Crime Control and Law Enforcement Act de 1994, 166
voo 93 da United Airlines, 175
Voting Rights Act de 1965, 139, 141

W
Walker, Alice, 154
Walker, David, 73
Wallace, George, 136, 149
Wallace, Michele, 154
Washington, Booker T., 97-101, 108, 111, 119
Waters, Maxine, 170
Wells-Barnett, Ida B., 97, 113, 119
Wesley, Cynthia, 133-134
Wheatley, John, 45
Wheatley, Phillis, 45-47, 76, 96, 177
White, Walter, 119
Wilkins, Roy, 129, 143
Wilson, Woodrow, 107, 113
Wright, Jeremiah, 180

Z
Zimmerman, George, 10
Zurara, Gomes Eanes de, 20-22, 29

Este livro foi composto na tipografia Adobe
Caslon Pro, em corpo 12/16,5, e impresso em
papel off-white no Sistema Cameron da
Divisão Gráfica da Distribuidora Record.